Franz Rudolf von Großing

**Freimüthiger Briefwechsel zwischen einen Reichsbürger und**

**Landmanne**

über Deutschlandes jetzige Angelegenheiten in Ansehung der Baierischen

Erbfolge

Franz Rudolf von Großing

**Freimüthiger Briefwechsel zwischen einen Reichsbürger und Landmanne**
*über Deutschlandes jetzige Angelegenheiten in Ansehung der Baierischen Erbfolge*

ISBN/EAN: 9783743471146

Hergestellt in Europa, USA, Kanada, Australien, Japan

Cover: Foto ©Suzi / pixelio.de

Weitere Bücher finden Sie auf **www.hansebooks.com**

# Ende

des

## Freimüthigen

# Briefwechsels

zwischen einem

## Reichsbürger und Landmanne

über

Deutschlandes jetzige Angelegenheiten
in Ansehung

der

## Baierischen Erbfolge.

Vincet amor Patriæ —— —— —— ——

Virgilius.

Letztes Heft.

1778.

Politische Versuche anzustellen ist ordentlicherWeise ein Vorrecht, so der Majestät eigen, und nur den Höheren Staatsbedienten zur Ausübung anvertrauet ist. Aber politische Wahrnehmungen machen zu können, gehöret zum allgemeinen Bürgerrecht der Vernunft, und steht einem jeden, der bey gewissen Vorfällen im Staat gegenwärtig ist, und sehen, hören, und nachdenken kann, frey, und offen.

Achenwall.

# Siebenter Brief.

Ich bedaure Sie Freund! und mit Ihnen alle jene, die sich bishero bemühet haben, Oesterreichs Ansprüche, und dem darauf gegründeten kurpfälzischen Vergleich entweder durch gelehrte Abhandlungen zu vertheidigen, oder mit Rabulistischen Zänkereyen zu widerstreiten. Beede haben sich in Ihrer Erwartung betrogen. Diese, indem sie vermeinten, das man im Stande sey, etwas gründliches wider die

L 2                    Oester-

Oesterreichischen Gerechtsame einzuwenden; jene, weil ihre gelehrte Widerlegungen zwar hinreichend sind, selbst ihre Gegner von der Schwäche ihrer Einwendungen zu überweisen, doch unvermögend dem Preußischer Seits entworfenen Plan, und schon vorhinein aus ganz anderen Beweggründen gefaßten feindseligen Entschluß durch Anführung überzeugender Urkunden, Gesetze, und Dokumenten entweder zu verändern, oder zu hintertreiben.

Wichtige Staatsstrittigkeiten pflegt man heut zu Tage fürnemlich auf dem Berliner Richterstuhl nicht mehr nach den Lehrsätzen der Rechtsgelehrsamkeit, oder den Grundsätzen der Gerechtigkeit zu entscheiden; ihre Bestimmung hängt gemeiniglich von der Gewalt, dem Eigensinn des Mächtigern, des Stärkeren ab. Ist die Stärke, und Macht beyderseits gleich, so kömmt es bloß allein auf das blinde Schiksal, und auf gewisse heimliche Ränke an, von welchen

die

die meisten Staatsveränderungen ihrem Ursprung herholen, und der größte Theil unserer politischen Welt regie-
ret wird. Dann wie der berühmte
Staatslehrer Mably sagt: Quand le
Hazard, ou l'intrigue placent les
Hommes, le Hazard, ou l'intrigue doivent les gouverner.

Unter diesen Geschichtspunkten
muß man Deutschlandes iezige Angelegenheiten betrachten, und dann gewinnet Baierns Erbfolge eine ganz
andere Gestalt. Die Oesterreichischen
Ansprüche, und der sich darauf bezie-
hende Kurpfälzische Vergleich sind
nichts, als der Deckmantel, unter
welchen Preußens Monarch seine ge-
heime Absichten zu verbergen sucht.
Er ist von der Gründlichkeit der er-
steren, und Gültigkeit des zweyten eben
so überzeuget, als der eifrigste Pa-
triot in Wien, und Mannheim nim-
mermehr. Seine Widersetzung rüh-
ret bloß von seinen ihm eigenen poli-

L 3 ti-

tischen Absichten her, zu dessen Ausführung Sachsen, und Zweybrücken
durch ihre Protestationen Ihm die Gelegenheit gleichsam mit Gewalt an
die Hand gegeben haben, um sich,
und dann das gesammte Germa-
nien jenem Despotism zu unterwer-
fen, welchem Preußen bishero jederzeit im Schild, und Sinn geführet,
ja leider, vielleicht schon größtentheils
ausgeübet hat.

Ein schröcknißvoller, unermeßli-
cher Abgrund öfnet sich vor meinen
Augen, in welchen sich all meine Vernunft, und ohnehin schwache Einsicht
versenkt, wenn ich der Gefahr reifer
nachdenke, welche unser Vaterland,
ja vielleicht unserem ganzen Weltheile
mit den fürchterlichsten Folgen be-
drohet. — — Ein schlauer, kriegeri-
scher Fürst kann allein mehr Unheil
stiften, als alle Gesetze, Gerechtigkeit, Redlichkeit, und Treue zu verhindern vermögend sind.

Sie

Sie erschröcken hierüber Freund? ––
Sie haben Ursache zu erschröcken, wenn
irgend das geringste Fünkchen einer
wahren Vaterlandsliebe noch in ihrem
Deutschen Busen lodert. Dann nur
Verräther des Vaterlandes können hierüber gleichgültig seyn.

Patrioten! — — erwachet also aus
dem Schlummer, mit welchen Euch
ein kunstreicher Feind einzuschläfern
sucht, und öfnet die Augen, die Euch
durch seine Kunstgriffe verblendet werden. Nicht Baierns Erbfolge, nein! —
sondern die Art, mit welcher man sich
Oesterreichs gerechtesten Ansprüchen
wiedersezt, fordert Eure Aufmerksamkeit. Von diesen hängt die Erhaltung
Eurer Freiheit ab. Müßen die ersten
aus Eigensinn, und Uebermacht weichen, so ist es auch um die zweyte ge-
than. Ihr habt nichts, als die un-
vermeidliche Sklaverey des Despotis-
mus zu erwarten, der unter dem Vorwand Eure Freiheit zu schüzen, sie

L 4          nichts

nichts als zu fesseln sucht, und zwar
mit Fesseln, wozu ihr selbst Stahl
und Eisen liefern sollt.

Ihr aber, die Euch das Schicksal bestimmet hat, deutsche Völker
zu beherrschen, oder das Vertrauen
der Beherrscher zu besitzen; wachet
auf das Heil der Unterthanen, und
vergesset Eure Pflichten nicht. Das
Wohlseyn der Völker muß nicht das
Schlachtopfer des Eigensinns, der Unwissenheit seyn.

Allein wohin verleitet mich meine etwas zu lebhafte Redlichkeit? —
Ich will abbrechen, um nicht alle meine Gesinnungen einem untreuen Blatt
anzuvertrauen, die in mir die Furcht
für das zukünftige erregt.

# Antwortsschreiben.

Stadt, den 5. Juni.

Welch ein Patriotischer Enthusias-
mus hat sie Freund beseelet,
da Sie mir den Brief schrieben, welchen ich eben izt empfang. Ein fürch-
terliches Geheimnis scheinet mir darin-
nen verborgen zu seyn. Ich sehe es
zwar ein, aber nur von ferne. Die
scholastische Gelehrsamkeit, welche zu
erwerben ich mich einige Zeit her be-
strebte, machet zuweilen die Vernunft,
gleichwie die Augen blöd; und nur klar-
sehende, mit der Staatsklugheit, und
Regierungskunst begabte Männer sind
fähig, über Vorfälle ein ächtes Urtheil
zu sprechen, die in einem unmittelbah-
ren Zusammenhang mit mehreren Staaten stehen, und wovon die Ruhe und
Sicherheit ganzer Nationen, und Völker eine andere Bestimmung erhält;

L 5                über

über Vorfälle, die sich fast täglich in unserer Staatswelt ereignen, und theils von der Natur, theils von einer zuweilen wahrer, zuweilen falscher Politick, meistentheils von dem Eigensinn, Vergrößerungssucht, und übrigen Privatleidenschaften der regierenden ihrem Ursprung herholen. Die Staatsklugheit aber, und Regierungskunst läßt sich nicht aus Büchern erlernen. Sie ist ein blosses Geschenk des Himmels, und der Natur, welches durch Anwendung, und Erfahrniß zwar verbessert, und vermehret, doch niemal erworben wird.

Ich trette dannenhero ihrer Meinung bey, das alle jene das wahre Ziel verfehlet haben, die Baierns Erbfolge blos nach den Regeln der Gerechtigkeit, und nach den Grundsätzen der Rechtsgelehrsamkeit betrachteten. Dann so ferne man diese zur Richtschnur wählet, so muß das kurpfälzische Einverständniß, und die darauf Oesterreichischer Seits erfolgte Besitznehe

nehmung der vormaligen Baierischen
Ländern als eine der Gerechtigkeit an-
gemessenste Sache angesehen werden,
welche überdieß noch in sich die simple-
ste, von allen gründlichen Einwendungen frey, und nicht dem geringsten
vernünftigen Zweifel ausgesezet ist.

Die Wahrheit die es Sazes im
kurzen darzuthun, berufe ich mich selbst
auf das Urtheil jener, die von dem
Geist der Partheiligkeit eingenommen
einem jeden obschon unbeträchtlichen
Anwachs des Erzhauses mit scheelen
Augen ansehen. Sagen Sie mir meine Herren sind die Oesterreichischen Ansprüche gegründet oder nicht? -- Ich
verlange eine klare, eine ohne Umschweife entscheidende, aber zugleich be-
wiesene Antwort.

Ganz Deutschland wimmelt mit
Schriften, die wieder das Erzhaus
bey Gelegenheit der Bo`rischen Erb-
folge ausgestreuet worden sind; und
dennoch ist kein einzige bishero im
Vor-

Vorschein gekommen, in welcher die
Ungründlichkeit der Oesterreichischen
Ansprüche wäre erwiesen worden.
Man hat dem Herrn Churfürsten von
der Pfalz dem Lehensbrief Kayser Sigismunds, wodurch dem Erzhause
Oesterreich das Herzogthum Niederbaiern ertheilet wurde, in Original,
dem übrigen Publikum aber in der
Kopie öffentlich vorgelegt; dem Aus-
zug des Anwartschaftsbriefes, welchen
Kaiser Mathias dem Erzhause auf die
Reichslehenbahre Herrschaft Mindel-
heim gegeben, hat der Verfasser der
Unpartheischen Gedanken zur allgemeinen Kenntniß geliefert; Die Böhmischen Lehen aber, die sich in der Ober-
pfalz befinden, brauchen keine Beweise
nicht. Es sind Lehen, welche dem
Baierischen Mannestamme sind verlie-
hen worden, folglich ist es ausser allem Zweifel gesezt, das Sie nach dessen nun wirklich erfolgten Abgang
dem Lehensherrn, das ist: dem Erzhause Oesterreich als Königlichen Erb-
hause

hause von Böheim ohne allen Widerspruch zufallen müssen. Wer kann also wohl die Oesterreichischen Ansprüche
ungegründet nennen? — — niemand
anderer, als der ein öffentliches Probstuck seiner Unwissenheit der ganzen
Welt vorlegen will.

Aber der Herr Churfürst von der
Pfalz konnte ja ohne Einwilligung seines Erbfolgers des Herzogs von Zweybrücken, und zum Nachtheil der Allodialerben die österreichischen Ansprüche
durch einen förmlichen Vertrag nicht
anerkennen? — So sagen die Herren
Gegner, ohne es dennoch zu bewei-
sen. Der Herr Herzog von Zweybrücken ist ja nicht der unmittelbare
Erbfolger der Baierischen Verlassenschaft; er ist nur der vermuthliche Erb
Se. Churfürstl. Durchl. von der Pfalz,
dessen Erbrecht erst nach dem Abgang
des Herrn Churfürsten eine Wirkung
hat, indem, wie der bekannte gericht-
liche Spruch lautet, viventis nulla
est

est hæreditas. Der Herr Herzog
hat sich also bis zum Todfall des Herrn
Churfürsten ( welchem Gott bis in
die spätesten Jahre verschiebe ) zu ge-
dulden, dann und nicht eher hat seine
Protestation , gleichwie sein Erbrecht
eine Wirkung.

In so ferne aber die Rede von
Allodialerben ist , so wachset ja diesen
durch das Churpfälzische Einverständniß nicht der geringste Nachtheil zu.
Der Herr Churfürst ist bereitwillig alle ihre gerechte Forderungen zu erfül-
len. Ich sage gerechte; und wer wird
wohl die Forderung gerecht nennen,
welche der Herr Churfürst von Sachsen in der Eigenschaft eines Allodial-
erbens auf sieben und dreyßig Millionen anrechnet, da es doch bekannt ist,
daß alle baierische Länder , die dem
Herrn Churfürsten von der Pfalz in
der Eigenschaft eines Lehenerbens zu-
gefallen sind, kaum zwanzig Millionen am innerlichen Werth betragen?
Und

Und dieß iſt der eigentliche Sta-
tus quæſtionis, oder die wahre Be-
ſchaffenheit der baieriſchen Erbfolge,
die in wenig Worten alles jene auf die
klareſte Art enthaltet, was andere
durch weitläufige Schriften zu verwirren ſich bemühet haben, um dieſe ſim-
pelſte, und nicht minders gründliche
Sache wenigſtens zweifelhaft, und bey
Unwiſſenden verdächtig zu machen.

Dieſem allen ungeachtet widerſe-
tzet ſich dennoch des Königs in Preußen Majeſtät denen öſterreichiſchen An-
ſprüchen, mit welchen die baieriſche
Erbfolge behaftet iſt, aus dem Beweggrund der Ungültigkeit. Er nen-
net ſie in öffentlichen Schriften ungründlich, ohne dennoch die dießeiti-
gen Gründe, und mehr als überzeugende Beweiſe zu widerlegen; Seine
ganze Angabe beſtehet bloß allein darin-
nen, daß dieſe Anſprüche der Reichsver-
faſſung und Reichsſatzungen zu wider-
ſtreitten, wobey er ſich neuerdings den
We-

Beweis ersparret, und sich bloß allein
auf die schon vielmal verführte Leicht-
gläubigkeit des unüberlegenden Thei-
les des Publikums verläßt. Allein
man darf nur dem wahren Zustand der
Sache nach den obenangeführten Grundsätzen mit kalten, unpartheyischen Blu-
te etwas genauer erwegen, und jeder-
man wird überzeuget seyn, daß die Ungültigkeit der österreichischen Ansprüche, welche preußischer Seits zum Beweggrund der Widersetzung angeführet
wird, nichts als ein ersonnener Vorwand seye, dessen man sich zur Verhee-
lung seiner feindseligen Absichten bey
dieser gegebenen Gelegenheit bedienen
will; und zwar ein Vorwand, der meines Erachtens unnöthig, und der allgemeinen öffentlichen Treue (foi pu-
blique) schnurgerad entgegen gesetzet
ist.

Dann sieht des Königs Majestät
die österreichische Besitznemung von
Baiern als einem für die Ruhe, und
Si-

Sicherheit der preußischen Staaten nachtheiligen Anwachs der österreichischen Macht an, so ist es ja nicht nöthig, daß er seine feindselige Unternehmungen, wodurch er diesen Anwachs zu verhindern sucht, unter dem geborgten Vorwand der Ungültigkeit verberge. Es bringt ihm mehr Ehre öffentlich zu bekennen, daß obschon die österreichischen Ansprüche gründlich, und geltend sind, ihm das Wohl, und Interesse seiner Staaten nöthige; sich diesen Ansprüchen zu widersetzen. Man hält insgemein dafür, daß Salus Populi suprema Lex sey. Man hätte also seine Widersetzung, wenn auch nicht billig, wenigstens in soferne vielleicht gültig gefunden; als es bekannt ist, daß sehr oft Gewalt vor Recht gehe, und es zur Rechtfertigung der ungerechtesten Unternehmungen zuweilen genug seye, wenn man sich des einzigen Wortes Raison d'Etat bedient.

M        Nun

Nun aber, so scheinet wenigstens
mir, daß der preußische Widerspruch
unmöglich könne gebilliget werden.
Dann zu geschweigen, daß die Gründlichkeit der österreichischen Ansprüche
auf eine so überzeugende Art in den
Augen der ganzen unpartheyschen Welt
erwiesen seye, daß es gleichsam der
Vernunft zuwider streitte, darüber nur
einem Zweifel zu erregen; so setzet sich
des Königs Majestät allen jenen Folgen aus, die ein iniquus aggressor,
und gewaltthätiger Zerstöhrer der allgemeinen Ruhe zu erwarten hat; Er
setzet sich in Gefahr, daß sein ganzer
wider Oesterreich abgefaster Plan mit
einer einzigen Antwort zu Grund gerichtet werde.

Es ist mehr als gewiß, daß des
Königs Hauptabsicht dahin ziele, Oesterreich mit einem gewaltthätigen of-
fensiv Krieg zu überfallen. Diese
dem Völker- und Naturrecht sowohl,
als unsrer Reichsverfassung entgegen-
gesetzte Gewaltthätigkeit einigermassen

ju

zu rechtfertigen, führet er zum Beweggrund die Oesterreichischen Ansprüche auf
Baierns Erbfolge an, welche er für
ungründlich, und ungeltend erkläret,
und das unwissende Publikum zu täu-
schen sucht, daß nichts als Gerechtigkeitsliebe die Triebfeder seiner gewaltthätigen Unternehmungen sey.

Ich will mich hierüber noch zur
Zeit nicht vollständig erklären. Hier
Orts behaupte ich nur, daß eben dieser angeführte Beweggrund seine wider das Erzhause abzielende feindselige
Absichten nur nicht rechtfertige, sondern allenfalls misbillige. Dann lassen wir zu, daß, die Oesterreichischen
Ansprüche vielleicht nicht allerdings gegründet, und geltend gewesen sind,
so kann ja dennoch Oesterreich zu kei-
ner Verantwortung mehr gezogen werden, sobald der Herr Churfürst von
der Pfalz als Universalerb der Baierischen Verlassenschaft dieselbe förmlich
anerkennet, die damit behafteten Baie-

ri-

rischen Länder freiwillig eingeräumt,
und die Besitznehmung zugelassen hat.
Will des Königs Majestät hierüber etwas einwenden , so gehe er Seine .
Churfürstl. Durchlaucht von der Pfalz
an.    Diesem stehet es frei die Ursache
zu entdecken, warum er sich gutwillig
mit dem Erzhause einverstanden habe.
Hat sich hierinn der Herr Churfürst
geirret, hat er vielleicht einem für sich
nachtheiligen Staatsfehler begangen,
so hoffe ich ja nicht ,    daß sich
des Königs in Preußen Majestät die
Macht anmassen werden , ihm des-
sentwegen zu bezüchtigen, und sich zur
Geißel der Fürsten und Souverainen
aufzuwerfen.

Das Berliner Kabinet hat sich
meines Erachtens durch dieses Ver-
fahren nur unverantwortliche Vorwürfe zugezogen , und zwar Vorwürfe , wodurch es sich bey al=
len regierenden Souverainen verdächtig, und verhaßt machen muß.  Ein
je-

jeder Fürst wird diese Preußische Hand-
lung als einem Eingrif in die Vor-
rechte der Souverainen betrachten,
und jeder Souverain ist verpflichtet
dergleichen gewaltthätige Eingriffe zu
rächen, und mit dem beleidigten eine
gemeinschaftliche Sache zu machen.
Meiner unmaßgeblichen Meynung ge-
mäß würde man viel kluger gehandelt
haben, wenn man dem wahren, bloß
aus einer verwirrten Politik herrühren-
den Beweggrund ohne Scheu, auf-
richtig, gleichwie es treuhaften Staaten gebührt, und ohne Ausflüchten,
ohne Umschweife öffentlich bekannt gemacht hätte,

Dieser Beweggrund beruhet meines Erachtens bloß in dem Anwachs,
welchen das Erzhause durch die Besitznehmung der Baierischen Länder erhalten hat. Ein Anwachs, so für Preußen unmöglich gefährlich seyn kann.
— — Dann zu geschweigen, das
durch dem Anwachs der Länder nicht

M 3          all-

allzeit auch die Macht anwachse, fúr-
nemlich bey dem Erzhause Oesterreich,
welches, wie es jedermann bekannt ist,
aus angebohrner Milde stets mehr auf
das Wohlseyn, und Glückseligkeit der
Unterthanen, als auf ihre eigene Pri-
vatvortheile bedacht ist; so hat ja das
Haus Brandenburg in wenig Jahren,
sobald nemlich Christian Friedrich je-
ziger Marggraf zu Anspach und Bayreuth mit Tod abgehen wird, einem
für das Erzhaus Oesterreich weit ge-
fährlicherem, und an Einkünften sowohl, als an Grösse der Länder weit
beträchtlicherem Anwachs zu erwarten.

Allein hierüber hoffe ich in Ihrem nächsten Brief etwas umständli-
cheres zu erfahren, und ich schmeichle
mir, daß diese meine kurze Anmerkungen mit ihren einsichtsvollen Gesinnungen vielleicht auch übereins stim-
mend sind. ꝛc. ꝛc.

Ach-

## Achter Brief.]

Ihre Anmerkungen stimmen mit meinen Gesinnungen vollkommen überein. Schade nur, das sie in Berlin keinem Eindruck machen, und Preußens Denkungsart dadurch nicht veränderet wird.

Der Krieg mein Freund! zwischen Preußen und Oesterreich ist unvermeidlich. Joseph und Friederich stehen schon an der Spiße zweyer zu Feindseligkeiten bereitstehender Kriegsheere, die mit sehnvollen Blicken dem annahenden Zeitpunkt entgegen sehen, in welchem das Blutdürstige, grosse und wichtige Sachen zu entscheiden bestimmte Schwerdt gezückt werden soll. Zwar ist die reizende Hofnung eines fortwährenden Friedens noch nicht gänzlich verschwunden.

M 4 Jo-

Joseph dieſes nachahmungswürdige
Muſter aller Monarchen, dem unſer
ganzer Welttheil gleich beym Antritt
der kaiſerlichen Würde, dem Men⸗
ſchenfreund nennte, giebt neuer⸗
dings Probſtücke ſeiner wahrhaft
Menſchenfreundlichen Liebe, kraft
welcher das ohnehin vergänglich⸗
menſchliche Geſchlecht zu vermehren,
und glücklich zu machen, nicht aber
durch gewaltſame Werkzeuge des
ſchröckbahren Todes zu vermindern
ſtets ſeine Hauptabſicht war. Er beth
Friederichen durch einem eigenhändig
geſchriebenen Brief die Fortdauer ſei⸗
ner Freundſchaft, die weitere Erhal⸗
tung des Friedens an, und dieſer ertheil⸗
te Ihm auch eine Antwort, aber auf
eine Art, die nur Friedrichen eigen iſt.
Es ware die Antwort eines ſtolzen,
auf Triumphwägen herrollenden Sie⸗
gers, der ſeinem übergewältigten Geg⸗
ner die höchſt erniedrigende, willkühr⸗
lichſten Geſetze vorſchreibt, Ihm mit
an die Siegeskutſche geſchmiedeten Feſ⸗
seln

ſeln durch die Triumpfsſtraſſen zur öf‐
ſentlichen Schaue ſchleppt.

Er verlangte vom Kaiſer die
gänzliche Räumung der in Beſitz ge‐
nommenen Baieriſchen Ländern. Ein
Verlangen, deſſen Erfüllung Friedrich
auch nicht dazumal mit Recht fordern
kann, wenn er alle Vortheile eines
Siegers über Oeſterreich erhält. Und
dieß iſt die Antwort, welche ein Le‐
hensvaſall des Römiſchen Reichs ſei‐
nem Oberhaupt dem Kaiſer ertheilet
hat. Eine Antwort, die wenn ſie
auch von einem unumſchränkten De‐
ſpoten an ſeinem blind gehorchenden
mindeſten Unterthan wäre verabfolget
worden, unmöglich Beyfall finden
kann. — Sehen ſie die Grundveſte,
auf welche wir unſre Friedenshofnung
bauen, und die vielmehr der ſicherſte Be‐
weis des bald erfolgenden Krieges iſt.

Allein welch eine Urſache bewe‐
get wohl des Königs von Preußen
Mt 5 Maje‐

Majeſtät einem ſo blutreichen Krieg,
als der bevorſtehende wegen noch niemal vorhin geſehener Gröſſe des Wie-
derſtandes ſeyn wird, anzuzetteln? —
Dieſe zu entdecken iſt zwar eben nicht
ſo leicht. Die Rathſchlüſſe der Monarchen ſind ein Heiligthum, deſſen
Vorhang nur die ſpäte Zeit mit lang-
ſamen Händen öfnet. Ihre Staatsbedienten treu zum Geheimniß, und
verpflichtet es zu verheelen reden davon nur in ſo ferne, als ſie dem
Vorwiz desjenigen in ſeinen Nach-
forſchungen zu verwirren ſuchen, der
daſſelbe ausfindig zu machen, ſich
bemüht. Er ſeye mit welch immer
einem Wiz und Einſicht begabet,
um den Urſprung und Zuſammenhang wichtiger Staatsvorfälle zu
entdecken, ſo kann er doch nichts,
als rathen; und ſollte er wohl auch
ſein Ziel erreichen, ſo geſchieht es,
ohne das er es wiſſe, oder ohne zu
wagen, das er es behaupte. Man
muß alſo den Zeitpunkt abwarten,

in

in welchem Staatsinteresse, oder
Staatsklugheit vom Stillschweigen be-
freiet der Wahrheit dem Platz räumt;
in welchem der Tod ihr (um so zu
sagen) das Tagelicht, und die Stimme giebt, indem er jenen Gewalt und
Macht benehmet, die sie gefangen hiel-
ten; und endlich in welchem ächte,
geprüfte Urkunden durch unpartheische
Federn öffentlich bekannt gemacht das
Spielwerk der Triebfeder eröffnen,
von denen die Ruhe, und Wohlseyn
ganzer Nationen, und Länder, die da-
bey abwechselnden Veränderungen,
und unbewustes Schicksal ihre Bestimmung erhielt.

Diesem ungeachtet will ich dennoch einem Schritt in das Preußische
Staatsheiligthum wagen. Ich will
rathen, und wer weis nicht, daß man oft
durch blosses rathen die ächtesten Wahrheiten entdeckt? — — Ich hoffe Ihnen
mein Freund, einem wichtigen Dienst
zu leisten, wenn ich Ihnen dem Ur-
                              sprung

sprung, und die Beweggründe entdeke,
wodurch Preußen zu Kriegsgesinnun-
gen gelenket wird.   Die Beweggründe sind zahlreich ; Schade nur, das
sie ungerecht sind.      Ich und Sie
mein Freund!   haben einige davon
schon berühret, und meines Erachtens
genugsam erwiesen, das Oesterreichs
Besitznehmung von Baierischen Ländern nur ein Vorwand, nicht aber ein
Beweggrund zum bevorstehenden Kriege sey.   Ich will die übrigen nach der
Ordnung erzählen.

Die erste Haupturfache ist ein ge-
wisser Point d'Honneur, welchen
des Königs von Preußen Majestät dadurch verletzet zu seyn, vermeynen,
daß man ohne sein Vorwissen zwischen
Oesterreich und Churpfalz Unterhandlungen gepflogen habe, welche zu einem gütlichen Einverständniß noch vor
dem Tode des letzten Churfürsten von
Baiern eingerichtet waren.

Ei-

Einem jeden Staatskenner iſt es bekannt, daß die europäiſchen Mächte in drey Klaſſen eingetheilet ſind, wovon ſich die größten in der erſten befinden, und in der Staatsſprache herrſchende Mächte ( Puiſſances dominantes ) genennet werden. Die bisherigen Staatslehrer laſſen zwar in unſerem Welttheile nur eine einzige herrſchende Macht zu, welche ſie einhellig für Frankreich behaupten. Allein man weiß, woher der meiſte Theil unſerer Staatslehrer herſtamme, folglich iſt es ihnen nicht zu verargen, wenn ſie aus Liebe zu ihrem Vaterlande Frankreich zu verherrlichen ſuchen; und vielleicht iſt auch ein Zeitpunkt geweſen, wo Frankreich allein die herrſchende Macht Europens war. Nun aber ſo hat ſich ſeit wenigen Jahren Europens ganzes Staatsſiſtem verändert, und meines Erachtens ſcheinet mir es eben ſo unmöglich, einzig allein Europens herrſchende Macht zu ſern, als die Univerſalmonarchie ſelbſt. Ich will

mir

mir hier die Mühe ersparren, das ganze Lehrgebäude meiner obschon geringen Wissenschaft nach allen Umständen zu erörtern, und zu entwickeln. Ein Lehrgebäude, welches ganz neu, von allen bisherigen entschieden, und vielleicht auch nicht am übelsten gegründet ist. Ich behaupte nur in Ansehung meines gegenwärtigen Stofes, daß Preußen noch beym Anbeginn des jetzigen Jahrhunderts einem sehr geringen Platz in der dritten Klasse der Staaten eingenommen habe. Kaum aber gelangte es unter ihrem König Friederich dem ersten in die zweyte, als unser heutiger Friederich gleich beym Antritt seiner Regierung sich in die erste zu schwingen mit allen Kräften bemühet hat. Sein Ehrgeiz schmeichelte ihm mit der Hoffnung, daß er auf dem europäischen Staatstheater Oesterreichs Rolle vertretten könne. Allein alta petis Phaeton, & quæ non viribus istis munera conveniunt. Preußens Schwang war zu schnell,

und

und um so schneller wird Preußens
Untergang seyn. — Rathen Sie nun
Freund wohin ich mit allem diesen
abziele? Es ist ein Räthsel, dessen
Auflösung ich jenen überlasse, die mit
der feineren Staatistik nicht allerdings
unbekannt seyn. Es ist ein Räthsel,
welches staatistische Grundsätze von
größter Wichtigkeit enthält, die aber
weit bequemer in dem Staatskabinet
durch thätige Handlungen ausgeführet,
als durch eine ohnmächtige Feder können beschrieben werden.

Dieß einzige will ich noch zur
leichteren Verständniß desjenigen beyfügen, was ich bishero gesagt habe,
daß der obenangesetzte Point d'Ho-
neur nicht eine nur von mir erdichte-
te Ursache der preußischen Kriegsgesin-
nungen sey. Es gründet sich dieselbe
auf die eigenen Worte des Königs,
deren er sich in seinen öffentlich bekann-
ten Schriften bedient, in welchen ausdrücklich gemeldet wird, daß es seine
Ehre

Ehre fordere, sich der österreichischen
Besitznehmung von Baiern zuwider
setzen. Allein wie kann wohl hiedurch
die Ehre des Königs verletzet werden?
— Mir scheint, daß das Wort Ehre
ohne allem Zusatz hieher gar nicht paßt.
Meines Erachtens sollte es vielleicht
Ehrgeiz, oder Ehrsucht heißen. Diese, nicht aber des Königs Ehre kann
Preußen bewegen, sich der österreichischen Besitznehmung von Baiern zu
widersetzen.

Die zweyte Ursache ist die Ver-
grösserungsucht, welche, wie es allge-
mein bekannt ist, von allen unpartheyschen Kennern, als Preußens Haupt-
eigenschaft angesehen wird. Ich ver-
hoffe, daß ich durch diesen Ausdruck,
der von niemand außer Acht setzenden
Ehre des Königs nicht zu nahe trette.
Das Bisthum Lüttich, Ostfriesland,
Schlesien, und Westpreußen reden hievon, auch wenn ich stillschweige, sat-
sam. Allein wie kann Baiernserbfol-
ge

ge ein Stof zur Sättigung der preußischen Vergrößerungsfucht seyn? 
Man weiß ja, daß Preußen nicht dem
geringsten Anspruch auf Baiernserb-
folge hat, oder macht? — Ich will
hierorts diese Frage nach allen Umständen erörtern, und auf die gründlichste
Art, in soferne es nemlich von einem
Privatmanne kann erwartet werden,
beantworten.

Preußens Vergrößerungsfucht zielet hauptsächlich bey Gelegenheit der
baierischen Erbfolge auf zwey Gegenstände, die Lausitz nemlich, und die
Anspachische Verlassenschaft ab. Man
schmeichelt sich in Berlin, daß, wenn
man sich der österreichischen Besitznehmung von Baiern widersetzt, man beyde Gegenstände so einrichten könne,
daß sie zu Preußens Vortheile ausfal-
len. Allein mich dünkt, daß man sich
hierinfalls mit einer leeren Hoffnung
schmeichle, die einhellig von gesammten
deutschen Reich vereitelt werden muß.

N          Was

Was die Lauſitz betrifr, ſo weiß
man, daß deſſen Lage ſo vortheilhaft
ſeye, daß nothwendig Preußens Ver-
größerungsſucht dadurch allerdings ge-
reizet werden muß. Lauſitz grenzt gegen Morgen mit Schleſien, gegen A-
bend mit Meißen, gegen Mittag mit
Böhmen, und gegen Mitternacht mit
der Mark Brandenburg, folglich iſt es
von zwey Seiten mit preußiſchen Ländern umgegeben. Dieſe einzige Betrachtung iſt hinreichend, Friederichen
zu den gefahrvolleſten Unternehmungen
zu bewegen. Er weiß, daß wenn er
ſich Lauſitz zueignet, noch der Elbefluß
die Gränzſcheide ſeiner Herrſchaft mit
der Zeit ſeyn kann. Hiezu zielte dannenhero ſchon ſeit einer geräumen Zeit
ſeine Hauptabſicht ab, und nun hat
ihm Sachſen die ſchönſte Gelegenheit
dazu ſelbſt an die Hand gegeben. Um
Sachſens Anſprüche zu vertheidigen,
( ſo wenigſtens äußeret ſich der König)
ergreifet er wider Oeſterreich die Waffen. Iſt ihm das Kriegslooß günſtig,
so

so muß Sachsen die Gesetze annehmen,
die er ihr als Sieger vorschreiben wird.
Ist es ihm ungünstig, so ist Sachsen
schuldig ihm die Kriegsköſten, und den
erlittenen Schaden zu erſetzen. In beyden Fällen wird man die Bezahlung
der preußischen Zeche aus dem sächſi-
schen Beutel forderen, und ich bin
Bürge dafür, daß es Sachsen am Ende mit der Lausitz bezahlen wird. —
Begreifen Sie nun Freund! wohin die
Abſichten Friederichs gerichtet ſind?
Ich will mich noch über Anspach und
Bayreuth erklären.

Es ist aus der Geschichte bekannt
das Onolzbach oder Anspach, und
Culmbach, oder Bayreuth nichts als
das alte Burggrafthum Nürnberg ſey.
Der erſte Ursprung des Nürnbergi-
schen Burggrafthums läßt sich nicht
genau beſtimmen. Die Burggrafen
kommen in Urkunden vom Jahre 1138.
das erſtemal vor. Dieß allein iſt be-
wuſt, das die erſten Beſitzer davon die

N 2          frän-

fränkischen Grafen von Vohburg wa=
ren, nach deren Absterben das Schwä=
bische Haus Hohenzollern damit be=
lehnet worden ist. Aus diesem Haus
war Burggraf Friederich VI. welcher
vom Kaiser Sigismund die Mark
Brandenburg ohne der erforderlichen
Einwilligung der Böhmischen Stän=
de, doch mit dem ausdrücklich vor=
behaltenen Widerlösungs=Recht, um
400000 Hungarische Gulden, das
ist: um 340000 Gulden Deutschen
Gelds gekauft, und um diese geringe
Summe aufzubringen, an die Nürn=
berger die damals abgebrannte Burg,
nebst der Waage, und anderen Ge=
fällen in der Stadt im Jahre 1417.
veräußeret hat. Hingegen behielt Frie=
derich die Burggräflichen Güter auf=
ser der Stadt für sich und seine Nach=
kommen, welche so beträchtlich waren,
das man nachmalen im Jahre 1498.
zwey besondere Fürstenthümer daraus
gemachet hat, wovon jenes Oberhalb
des Gebürges Culmbach, oder Bay=
reuth,

reuth, jenes unterhalb des Gebürges Onolzbach oder Anspach genennet wurde. Die Besitzer, welche sich in diese zwey Fürstenthümer getheilet haben, sind Marggrafen von einer Nebenlinie des Churfürstlichen Hauses von Brandenburg, wovon die Linie von Culmbach oder Bayreuth im Jahre 1769. mit Friedrich ausgestorben, und diese Länder auf Christian Marggrafen zu Anspach verfallen sind, mit welchen diese Nebenlinie wegen seiner schon 42 jährigen Erblosigkeit zweifelsohne gänzlich ausgehen, und Bayreuth mit Anspach denen übrigen Brandenburgischen Linien zufallen wird.

Allein hören Sie nun, wie Friederich diese Verlassenschaft einzurichten gesinnet sey. Er will diese Länder mit der Churlinie des Hauses Brandeburg vereinigen, und hiezu zwang er durch Gewalt und Drohungen den übrigen Brandenburgischen Linien, welchen nach den Reich und

N 3 Le-

Lehensgesezen ebenfalls die Erbfolge in diesen Ländern gebührt, noch im Jahre 1752 die Einwilligung ab, um dieses beträchtliche Land, welches dreyßig Meile in die Länge enthalt, und 2. Millionen jährliche Einkünften liefert, der Preußischen Krone einzuverleiben. Geschieht diese Vereinigung, so ist er vom ganzen fränkischen Kreiße Meister, und Deutschlandes Mittelpunkt wird unter Preußischer Herrschaft seyn. Die Klugheit erforderet es also, daß sich das gesamte Deutsche Reich sowohl in Ansehung der Ungerechtigkeit, welche dadurch den übrigen Brandeburgischen Linien zugefüget wird, als auch der Reichssicherheit, die dadurch dem gefahrvollesten Anstoß leydet, mit gemeinschaftlichen Kräften dieser Vereinigung wiederseze. Dieß allein befürchtete Friederich, und sinnete dannenhero stetts auf Mitteln, wie er diesem gerechten Widerstand von sich abwenden könne, welche er bey dem sich ereignenden Vorfall der Baierischen

ſchen Erbfolge nun wirklich entdecket
zu haben ſich ſchmeichelt. Er weiß,
daß das Erzhaus Oeſterreich als die
größte Beſchützerinn der Deutſchen
Freyheit all ihre Macht anwenden
wird, die zu deſſen Unterjochung abzielende Vereinigung Anſpachs und
Bayreuths mit der erſten Brande-
burgiſchen Linie auf alle mögliche Art
zu vereiteln; allein giebt Oeſterreich
ihre Einwilligung dazu, ſo ſtehet ihm
gar keine Hinderniß mehr im Weeg.
Die übrigen Reichsſtände werden es
ſich müſſen gefallen laßen, wie Er es
für gut befinden wird mit Ihnen nach
Willkuhr zu ſchallten, und zu walten.
Nun dieſe Einwilligung vom Erzhauſe
mit gutem zu erhalten, war nicht die
geringſte Hofnung zu machen. Er
entſchloß alſo Gewaltſamkeit zu ge-
brauchen, wozu er ſich der Baieriſchen Erbfolge als einem Vorwand
bedienet hat. Der ganze Plan ware
recht künſtlich abgefaßt. Sachſen und
Zweybrücken muſten auf ſeine Angabe

wi-

wider die Oesterreichische Besitznehmung protestiren, und unter dem Vorwand beyde zu unterstützen, rüstete er
sich auf das eiligste zum Kriege zu.
Er vermennte hiedurch das Erzhause,
dessen friedfertige Gesinnungen ihm bekannt waren, zu vortheilhaften Aner-
bietungen bewegen zu können, und rückte
dannenhero gleich beym Anfang mit
Anspach und Bayreuth heraus. Allein es schlug ihm fehl, und er mußte
alle Hofnungen mit einem einzigen
Stoß vereitelt sehen. Oesterreich sez-
te sich in eine Faßung, die vielleicht
mehr, als die Vereitlung dieser Hofnungen bewirken wird. »» Was soll
nun Friederich machen? Der Schritt
war zu weit gewagt, als daß man sich
mit Ehre hätte zurückziehen können,
und er muß vor Schande erröthen,
wenn er bedenket, das er selbst dem
Erzhause Oesterreich die Waffen in die
Hand gegeben habe, mit welchen Sie
sich der Vereinigung von Anspach und
Bayreuth bey seiner Zeit bedienen
wird.                           Ich

Ich wollte schon zur dritten Ursache schreiten, als mir Preußens Vergrößerungssucht einem neuen Stoff zu
einer kleinen Betrachtung gab. Erlauben
Sie Freund, das ich Sie einwenig
auf die politische Lehrbahne hinführe.
Betrachten Sie von hier alle unsere
Europdische Staaten. Finden sie nicht
allenthalb selbst in der Mitte des Friedens einem ewigen immerwährenden
Krieg? Alle unsere Staaten wimmeln
mit Truppen, die dem Landvolk zur
Laßt gereichen, und Volk, und Land
verheeren. Der jedem Staatsmann
unvergeßliche Richelieu glaubte, das
es für Frankreich, welches zu seinen
Zeiten faßt dem gesammten Europen
Geseze vorschrieb, genug seye 40000.
Mann Fußvolk, und vier tausend
Reuter zu unterhalten, welche bey jedem Wink bereit seyn könnten sich zu
vereinigen, und zu bewegen. Heutzutage hat Preußen allein, welches dazumal in Frankreich kaum dem Name
nach bekannt war bis 200000. Mann

auf

auf den Beinen. Alle diese muß der
König mit ungeheuren Geldsummen
erhalten, mit Geldsummen, die der
Arme kaum Athemschöpfende Land-
mann sich von seinem hungrigen Mund
entreissen, und seinem König liefern
muß. Preußen hat die übrigen Landesfürsten wider ihren Willen genöthiget das gleiche zu thun. Preußen
stosset mit vielen andern Staaten an.
Ein jeder Fürst muß sich auf dem
Fuß setzen, wenn er anderst seine Unterthanen gebührender Massen vertheidigen soll, auf welchem sich sein feind-
seliger Nachbar gesetzet hat. Allein
kann wohl dieses von langer Dauer
seyn? sind vielleicht die Preußischen
Länder unerschöpflich? und bringt
wohl eine so grosse Anzahl der Truppen dem Staat Vortheil? — — meines Erachtens istdieß das einzige Mit-
tel, der sicherste Weeg zu dessen gänz-
lichen Untergang. Der gepreste Land-
mann seufzet, er ist durch die Last
der Abgabe ausgesaugt. Der Land-
mann

mann iſt die Hauptſtütze des Staats,
wird dieſe Stütze von Tag zu Tag
mehr und mehr geſchwächet, ſo kann
das Staatsgebäude unmöglich von
langer Dauer ſeyn. Es muß von Tag
zu Tag mehr und mehr ſinken, bis
der gänzliche Umſturz das garaus
macht. Alles dieſes ſieht Friedrich
eben ſo gut, als wir übrige ein. Er
kennet das Uebel, und ſuchet ihm auch
abzuhelfen, aber auf eine Art, welche viel ärger iſt, als das Uebel ſelbſt.
Er ſuchet ſich zu vergröſſeren, neue
Länder, neue Königreiche zu erwerben,
und Völker zu unterjochen, die unter
dem gelinden Zepter eines Menſchen-
freundes nicht einmal wiſſen, was De-
ſpotißm ſey. —— Bedaurenswürdiger
Friederich! wohin verleitet dich nicht
deine allzugroße Vergröſſerungsſucht.
Um zweymal hundert tauſend Menſchen zu ernähren, macheſt Millionen un-
glücklich. Der Schweiß deiner Unterthanen, hat dich noch nicht erſättiget. Du
lech-

lechzest nach dem Blut der Unterthanen.
deines Nachbahrs. Allein auch dieses
wird dich nicht fättigen. Mit dem
Anwachs an Land und Völkern wird
auch deine Vergröfferungsfucht an-
wachfen, und die Gefchichte des er-
dichteren Tantalus wird Preußens
wirkliches Schickfal feyn. — — Ich
will zur dritten Urfache fchreiten.

Diefe meines Erachtens ift eine
gewiffe nagende Furcht des Zukünfti-
gen, welche dem König zu beängfti-
gen fcheint. Er näheret fich von Tag
zu Tag mehr dem tödtlichen Alter,
feine Kräften nehmen ab, und bald,
ja bald wird diefer fürchterliche Co-
metftern auf unferer Halbfphäre ver-
fchwinden. Mit Schrocken fieht Friederich diefem Zeitpunkt entgegen. Er
weiß es, das er während feiner ganzen Regierung Unternehmungen gewaget habe, die über die Kräften feiner
Staaten find. Die Grundvefte, auf
welche er das Wohlfeyn feiner Staaten

ten gründete , war Krieg.   Eine
Grundveste, welche für die benachbar-
ten Staaten zwar gefährlich , aber jenem am nachtheiligsten ist , der sich
darauf verläst. Ein einziger Augenblick richtet die ganze Grundveste, und
das darauf ruhende Staatsgebäude zu
Grund.   Friedrich ist ein geschickter
Krieger ; Er hätte einer der grösten
Helden unseres Jahrhunderts werden
können, wenn er sich seiner Kriegs-
kunst blos zur Vertheidigung seiner Unterthanen hätte bedienen wollen. Seine Unternehmungen schlugen zwar meistentheils zu seinem Vortheil  aus ;
allein dieses hat er bloß seinen Privat-
eigenschaften, und grossen theils seinem Schicksal zu verdanken.   Ist dieses seinem Erbfolger ungünstig, besitzt
dieser nicht alle Eigenschaften des Vor-
fahrers  in einem nemlichen, ja weit
höhern Grad ( indem es weit leichter
ist etwas zu erwerben, als dasselbe ge-
bührendermassen zu erhalten ) so kann
alles in einem einzigen Augenblick ver-
                              schwin-

schwinden, was Friederich durch 38.
Jahre mit unermüdeter Mühe, und
äußerster Gefahr gesammelt hat. Ich
bin Bürge dafür, daß diese Betrachtungen einem starken Einfluß in die
gegenwärtigen Kriegsunternehmungen
haben, folglich die daraus entstehende
Furcht und Beängstigung unter die
Haupturfachen des bevorstehenden Krieges mit Fug könne gerechnet werden.

Die übrigen Ursachen, welche
schon oft zu blutigsten Kriegen Anlaß
gegeben haben, und vielleicht auch bey
dem bevorstehenden Staat finden, will
ich beflissentlich mit Stillschweigen
übergehen. Man leset in der Geschichte, und selbst unser Jahrhundert giebt
Beyspiele davon, das sich oft ein krie-
gerischer Fürst in einem blutigen Krieg
eingelassen habe, bloß um (wie sich,
ein Schriftsteller von Engelland bey
Gelegenheit des letzten Krieges in
Deutschland ausgedrücket hat) l'idole
du vulgaire stupide, & le héros
des

des gazettes der Abgott des dummen
Pöbels, und Held, der Zeitungsblät-
tern zu seyn. Ein dergleichen nach
eitler Ehre, und pöbelhaften Ruhm
sich sehnender Fürst sollte öfters mit
Aufmerksamkeit bedenken, daß der
Ruhm nichts mittelmäßiges zu wagen,
in sich sehr mittelmäßig seye, wenn
der Held durch Hindernisse verwirrt,
die ihm nothwendig zustoßen müssen,
und die er nicht vorgesehen hat, im
mitten Laufe seiner Anschläge von seinem Vorhaben abstehen muß. Ueber-
steige ich ( sollte dieser Fürst in sich
selbst sagen ) dergleichen grosse Hindernisse, so wird es zwar die unwissende Welt als ein Probstuck meines
Heldenmuths, Herzhaftigkeit, und anderer schätzbaren Eigenschaften anfangs
betrachten; allein indem nur das Groß,
nur das Heldenmäßig seye, was klug,
was gerecht ist, so wird sich mit der
Zeit ein freymüthiger, unpartheyischer
Philosoph erheben, welcher mit er-
klärten Auge nachforschen wird, nach
wel-

welchen Grundsätzen meine Ehrsucht
gehandelt habe, und wohin deſſen Au-
genmerk eigentlich gerichtet war. Er
wird die Wahrheit entdecken, und die
Lorberkränze zerreiſſen, die mir der Pö-
bel und meine Höflinge verschwende-
risch zugeſtreuet haben. Er wird
mich als einem Menschen ohne Einſicht betrachten, wenn ich die Nach-
theile nicht vorgesehen habe, die meinem Staat durch meine Siege. zuge-
wachſen ſind, oder als einem raſenden
Wagehals, wenn ich es vorgeſehen,
und dennoch mein Volk meinem Ehr-
geiß aufgeopfert hab. Meine Regierung wird nach ſeiner Zeitrechnung
die ſchandvolle Epoche des Verfalls
meiner Staaten ſeyn. Ich weiß nicht
(ſollte er fortfahren) welch eine Ge-
ſchicklichkeit mein Thronfolger beſitzen
wird; entwerfe ich dem Plan zu einem
gar zu hohen Gebäude, ſo habe ich
zu befürchten, daß ihm das Schutt
des Baues zerschmettere, welches er
aus Nacheiferung gegen mir vollenden
will.

will. Ich besänftige im Gegentheil durch meine Mäßigkeit die Eifersucht meiner Nachbarn, meine Bundesgenossen fassen um so mehr das größte Vertrauen gegen mich, und sollte vielleicht mein Thronfolger außer meine Fußstapfen treten, so kann er (dank meiner Klugheit) viele Fehler ungestraft begehen, und mein gesund und starkes Königreich wird wenigstens ohne darum zu vergehen die Wunden ertragen können, die es vom Ehrgeize meines Nachfolgers bekommen wird. —— Ich bin wie jederzeit ꝛc. ꝛc.

O  Ant

# Antworts-Schreiben.

Stadt dem 15. Juni.

Wenn man die Folgen einer Sache aus dessen Beweggrund (gleichwie das Sprichwort lautet) schon vorhinein abnehmen kann, so muß der Schritt, welchem nun Friederich waget, für Preussen nicht anderst, als höchst gefährlich, und schädlich seyn. Der Krieg wider Oesterreich ist Preußischer Seits schon mehr, als beschlossen. Man bothe sich zwar zu Unterhandlungen an, allein nicht um Krieg zu vermeiden; man war hiebey bloß allein auf Zeitgewinst bedacht, um sich in einem um so mehr fürchterlichen Stand zu setzen, und vielleicht werden eben diese Unterhandlungen ein Vorwand zum Kriege seyn, und zwar zu einem Krieg, der ungerecht und zugleich den ächten Grundsätzen der wahren Staatsklugheit schnur gerad ent-

ge-

gegen geſetzet iſt. Die wahre Staatsklugheit fordert das bevor man ſich zu
einem Krieg entſchließt, man ſich gleichſam befrage, ob dieſer Krieg gerecht,
oder ungerecht? ob er (überzeuget von
der Gerechtigkeit) auch nützlich ſeye,
das iſt: ob der Gegenſtand, welchem
ich dadurch zu erhalten ſuche, es ver-
diene, daß ich mich darum mit Gefahr und Krieg bewerbe? Was für
Hülfsmittel habe ich an der Hand
dieſem Krieg mit glücklichem Erfolg
zu führen? Welche Vortheile habe
ich mir über meine Feinde zu verſpre-
chen? iſt mir das Schickſal ungünſtig,
wie kann ich ihm entweichen? wie
ſind die Hilfsmittel beſchaffen, mit
welchem ich mich erholen kann? und
wie viele unglückliche Zufälle kann ich
ertragen, ohne meinem Feinde gänzlich zu unterliegen?

Nach dieſen Grundſätzen unterſu-
che man nun Preußens jetzige Unternehmungen. Die Ungerechtigkeit des
O 2     Krie-

Krieges fällt jedermann von sich selbst in
das Aug. Die Oesterreichische Besitznehmung von Baiern, wodurch dem
Erzhause blos ein geringer Anwachs von
Einkünften, die sich jährlich kaum auf
etwelche hundert tausend Gulden belau-
fen, zufallet, ist nicht so beträchtlich,
daß es der Mühe werth wäre, viele Millionen zu dessen Verhinderung aufzuop-
fern. Die Hilfsmitteln, deren sich Preußen im Krieg bedienen kann, sind meistentheils Augenblickliche, die auf
schwachen Grund beruhen, folglich von
sehr kurzer Dauer seyn. Die Vortheile,
welche Preußen, gesetzt auch daß es
obsiege, über Oesterreich erhalten
kann, sind meistentheils bloß eingebil-
dete Vortheile, die im Grund und
Boden nichts bedeuten. Dann was
die Räumung von Baiern anbetrift,
so ist wenigstens mit Grund nicht zu
erwarten, daß dieselbe jemal mit Gewalt erpresset werden wird. Oesterreichs Macht ist (Dank dem Himmel)
noch nicht so verfallen, daß es sich
von

von Preußen Gesetze vorschreiben zu
lassen gezwungen wäre; gleichwie auch
niemal zu erwarten ist, das Anspachs
und Bayreuths Vereinigung mit der
Brandenburgischen Churlinie jemal zu
Stand kommen wird, indem nicht nur
Oesterreich, und das gesamte deutsche
Reich, sondern auch die angränzenden
Mächte, wenn sie anderst ihr wahres
Staatsinteresse nicht verkennen, sich
dieser Vereinigung bis zum letzten
Blutstropfen widersetzen müssen; und
kann wohl Preußen sich, mit der Hofnung vernünfriger massen schmeicheln,
daß er alle diese übermeistern wird?
Eben eine solche Beschaffenheit hat
es mit der Lausitz. Dann die eben itzt
erwehnte Gründe zu geschweigen, aus
welch einer Ursache kann wohl Preußen auf Lausitz eine Forderung machen?
Ist es nicht Verwegenheit nur darauf
zu gedenken? was hat Sachsen ver-
wirket, daß man ihr Lausitz entreißen
könne? und was hat Preußen für ein
Recht die angränzenden Länder ihren

D 3　　　　　Ei-

Eigenthümern zu entreiſſen? — —
Ganz Europen müſte dem Vernunft
verlohren haben, wenn es dieſe Preußiſche Unternehmungen mit gleichgültigen
Auge anſehen wollte.

Seßen wir aber nun, daß alle
preußiſche Anſchläge durch dieſen einzigen Krieg vereitelt werden; daß Frie-
berichen, daß ihm ſonſt günſtige Schickſal verlaſſe; ſo iſt die ganze preußiſche
Macht mit einem einzigen Stoß gänzlich zu Grunde gerichtet. Preußen kann
ihrem Untergang unmöglich entweichen.
Der größte Theil der preußiſchen Macht
beſtehet aus Ländern, die meiſtentheils
durch Gewalt der Waffen ſind erworben worden. Wird dieſe Gewalt zu
Grunde gerichtet, ſo wird ein jeder das
Seinige zurückfordern, und Preußen
wird außer Stande ſeyn, es abſchla-
gen zu können. Die Hülfsmitteln,
deren ſich Preußen bedient, ſind durch-
aus gewoltſam, folglich von einer ſehr
kurzen Dauer. Ein einziger un-
glück-

glücklicher Zufall läßt Preußen ohne
Hülf.

Ich läugne es zwar nicht, daß
man hierüber vieles einwenden könne.
Allein alle diese Einwendungen können
meines Erachtens mit einer einzigen
Antwort widerleget werden. Ich habe mir seit geraumer Zeit Mühe gegeben, dem wahren Ursprung der preußischen Größe zu entdecken. Was fand
ich nach allen meinen Nachforschun-
gen? — Erlauben Sie Freund, daß
ich es Ihnen ins Ohr sage. Nichts
anderes, als daß Preußen ihre Größe
den Staatsfehlern verdanken müsse,
die von auswärtigen Mächten begangen worden sind. Erkennen diese ihre
begangene Fehler, und suchen sie die-
selben durch schickliche Mitteln zu ver-
bessern, so wird sich Preußen (ich versichere Sie) mit all ihrer jetzigen Größe
bald in jenem Stand befinden, in welchen sich ein König von der Schaubüh-
ne nach gefallenem Vorhang befindt.

Al-

Allein hierüber läßt sich weit mehr denken, als schreiben. Sie mein Freund, und um andere habe ich mich nicht zu bekümmern, Sie allein verstehen mich.

Neun=

## Neunter Brief.

Landgut den 20. Jun.

Ich verstehe Sie Freund, und weiß
auch die Ursache, warum Sie von
anderen nicht wollen verstanden werden.
— Allein jeder Staat ist unsrer Dien-
ste werth, und Vaterlandsliebe muß
stets alle übrige obschon gerechte Leiden-
schaften überwiegen— Sie wissen, welch
ein Unterschied zwischen einem guten,
und schlechten Staatsbürger sey. Der
schlechte suchet nur seine eigene Vortheile, die er durch Gunst und Ränke
erhalten hat, zu vermehren, da hingegen der gute sich mehr um das Wohl
des Staats, um dessen Ehre bewerbt,
ohne daß er nur den geringsten Dank
von seinen müßigen Mitbürgern zu erwarten habe. Er muß sich vielmehr
gefaßt machen, die bittersten Vorwürfe zu ertragen. Allein hiedurch wird
er nicht abgeschröckt. Er verläßt sich

D 5        auf

auf das Urtheil der unpartheyschen
Nachwelt, die dem Fleiß niemals un-
belohnt läßt.

Wir wollen dannenhero Freund
unsre Gesinnungen freymüthig und ohne Scheu vor jedermann erklären. Ein
unbekannter hat es ich weiß nicht wie,
und warum gewagt, unsrem geheimen
Briefwechsel durch den Druck bekannt
zu machen, und unsre Privatbeschäfti-
gung hiedurch dem öffentlichen Tadel
aller Uebelgesinnten auszusetzen. Ver-
gönnen wir ihnen diesen kleinen Stof,
um ihre Tadelsucht darüber auszuüben.
Wir werden gewiß auch bey vielen
Beyfall finden, mit welchen man oft
auch die nichtsbedeutesten Werke be-
ehret, und diese verdienen ja wenigstens
so viel von uns, daß man ihre weitere
Erwartung erfülle. Sie erwarten eine vollkommene Ausführung der Gesinnungen, die wir über dem sich annahenden Kriege hegen. Es verhinde-
ret uns nichts, ihnen dieselbe mitzuthei-
len,

len. Es sind zwar nur Privatgesinnungen, aber darum können sie ja wohl auch
wahr seyn. Dann ist wohl alles eben
darum authentisch , weil es nicht pri-
vat ist ? — Man darf nur die heutigen Staatsschriften, die Preußen gelieferet hat, etwas genauer durchgehen, und jedermann wird die Antwort
hierauf von sich selbst errathen. Allein
kehren wir zu ihrem letzten Brief zurück.

Sie haben angefangen aus den
von mir angeführten Beweggründen einem Schluß auf die Folgen zu machen,
die bey diesem Krieg zu erwarten sind.
Sie haben ihr darüber gefälltes Urtheil
gleichsam in der Mitte unterbrochen.
Fahren Sie , ich beschwöre Sie fort.
Ihre Schilderungen entzücken, Ihre
Schreibart überzeugt, und jede Betrachtung, die von Ihnen herrühret,
kann für mich nicht anderst als beleh-
rend seyn.

Ant-

# Antworts-Schreiben.

Stadt 2 5. Juni.

Sie sind mir zu schätzbar, als daß ich Ihnen etwas abschlagen könnte, was Sie von mir zu fordern berechtiget sind. Ich will Ihnen alle meine Gesinnungen in diesem Fache entdecken, aber bloß in einem historischen Sinnbild, um allen den Vorwürfen zu entweichen, die man der reinen Wahrheit entgegen zu stellen pflegt.

Sie werden sich zu erinneren wissen, wie oft ich in unseren gelehrten Privatunterredungen behauptet habe, daß sich nichts in unseren Zeiten ereignet, wovon man nicht, wenigstens Spuren in der alten Geschichte antreffen kann. Dieser Satz wird nun mit dem dritten ( dann der vom Jahre 1740 und 1744 gielt vor einem) preußischen Krieg neuerdings bestättiget,

im-

indem er die Hauptumstände betrach=
tet, mit dem afrikanischen Krieg gänz=
lich übereinstimmet. Erlauben Sie
nur, daß ich Ihnen die Hauptumstände
des zweyten nach der Ordnung erzäh=
le, wie es Livius der berühmte Römi=
sche Geschichtschreiber aufgezeichnet
hat.

„Es haben noch niemals mächti=
gere, (sagt Livius) und reichere Städ=
te und Völker miteinander Krieg ge=
führet; es sind auch diese Städte nie=
malen an Mannschaft mächtiger, und
am Muth stärker gewesen, sie haben
auch in diesem, gleichwie in dem er=
sten Punischen Kriege nicht nur als
Kriegserfahrne, sondern auch als wohl
versuchte Kriegsleute miteinander ge=
fochten, und das Kriegsglück war so
abwechslend, und so veränderlich, daß
die siegende Parthey in größerer Ge=
fahr war, als die Ueberwundenen. Der
Haß, mit welchem sie gegen einander
foch=

fochten, war faſt größer, als ihre Ar-
meen.

Es iſt Ihnen bekannt Freund, ‒
daß dem dritten Puniſchen Krieg Hannibal geführet habe. Hören Sie, wie
dieſen Feldherrn Livius beſchreibt:
„ Er war überaus kühn, ſich in Ge-
„ fahr zu begeben, wußte aber auch
„ in der Gefahr den beſten Rath. Sein
„ Leib konnte durch keinerley Beſchwer-
„ lichkeiten ermüdet, noch ſein Ge-
„ müth ſchlafgemacht werden. Er
„ konnte die Hitze eben ſo gut, als die
„ Kälte vertragen; er aß und trank
„ ſo viel, als die Natur erforderte,
„ nicht aber für Luſt; er ſchlief nicht
„ in der Nacht, und wachte am Ta-
„ ge, ſondern that beydes, ſo wie es
„ die Umſtände zulieſſen. Die Zeit,
„ die ihm ſeine Geſchäfte übrig lieſſen,
„ brauchte er zur Ruhe, eben nicht
„ auf einem weichen Bett, oder wo
„ alles ſtill war. Viele haben ihn
„ auf der Erden liegend ſchlafen ge-
„ ſe-

„ setzen, mit einem Soldatenrock zu-
„ gedeckt, mitten zwischeu den Posti-
„ rungen, oder Wachen. In der
„ Kleidung hatte er vor seines Glei-
„ chen nichts voraus; sein Gewehr
„ aber, und seine Pferde fielen gut
„ in die Augen. Unter der Reuterey
„ und dem Fußvolk war er allzeit der
„ Erste. Er war der erste im Treffen,
„ und wann es vorbey war, der letz-
„ te.“ Allein: Has tantas Viri
virtutes ingentia vitia æquabant;
inhumana crudelitas, perfidia
plus quam Punnica, nihil veri,
nihil sancti, nullus Deum metus,
nullum jusjurandum, nulla Reli-
gio. „ So groß die Tugenden die-
„ ses Mannes waren, eben so groß
„ waren auch seine Laster. Er war
„ von unmenschlicher Grausamkeit,
„ und noch treuloser als sonst seine
„ Landesleute die Cartbaginenser wa-
„ ren; er redete kein wahres Wort,
„ hielt nichts für Heilig, hatte keine
„ Furcht von den Göttern, achtete
„ kei-

„ keinen Eid, und hatte kein Gewiſ-
„ ſen nicht. "

Betrachten Sie Freund etwas
genauer dieſes Bildniß! erkennen Sie
nicht daran den deutſchen Hannibal unſerer Zeiten? — — Welch ein Stof
zu unzähligen Betrachtungen!

Es wäre überflüßig alle die Begebenheiten zu erzählen, die ſich während dem Krieg, welchem Hannibal
geführet, ereignet haben. Der erwehnte römiſche Geſchichtſchreiber hat die-
ſelben weitläufig genug im ein und
zwanzigſten Buch geliefert. Leſen Sie
die von ihm geſchriebene Geſchichte,
ich weis, daß ſie Ihnen nicht unbekannt iſt. Jede Hannibals Unter-
nehmung wird Ihnen die Preußiſchen
Anſchläge entdeken, und die Helden-
müthige Thaten der Römer ſind das
lebende Ebenbild der Oeſterreichiſchen
Handluugen. Fabius wird Sie an
einem Daun erinneren, und der un-
ſterb-

sterbliche Loudon wird ihr Marcellus
seyn. Ja, Marcellus! von welchen
selbst sein größter Feind Hannibal zu
sagen pflegte: Et Romani suum An-
nibalem habent. „Auch die Römer haben ihren Hannibal.“

Aber wenn wird wohl Scipio
erscheinen, der dem Hannibal endlich
überwunden, Carthago zerstöret, und
dem punischen Stolz gänzlich erniedri-
get hat? — Sie können ihm Freund
unmöglich verkennen, er befindet
sich an der Spitze des Oesterreichischen
Heeres. Seine Gesichts und Ge-
müthszüge stimmen mit denjenigen des
Scipio vollkommen übereins. Tanta
inerat Comitas Scipioni, (sind
Livius Worte im 28. Buch) atque
ad omnia naturalis ingenii dexte-
ritas, ut non syphacem modo bar-
barum, infuetumque moribus Ro-
manis, fed hostem etiam infen-
fissimum facunde alloquendo sibi
concilarit.

P          Ey-

Guten Muth deutsches Rom! dein Scipio ist endlich erschienen, der sein Vaterland von den ungerechten Anfällen seiner Feinde erretten, den Stolz seines Gegners erniedrigen, und (erfülle unsere Wünsche, du! der du die Zügel des unbegreiflichen Schicksales nach deiner unerforschlichen Allmacht lenkest) das sich schon dreymal empörende unruhige Carthago zerstören wird. Es sind die Wünsche aller Patrioten, die Wünsche so vieler Millionen Unterthanen, die Preußens Kriegsucht verheert. Ich aber Freund, ich versichere Sie, daß ich es auch hoffe.

Zehn-

## Zehnter Brief.

Landgut den 30. Jun.

Welch ein ſchröckbares Gewitter ziehet ſich von allen Seiten zuſamm.
Unſer ganzer Welttheil gerathet in Be-
wegung, und an allen Ecken ſteigt
das fürchterliche Kriegsfeuer empor.
Unglückliches Europen! wie lange
wirſt du deine Vortheile verkennen?
wie lange wirſt du die gewaltthätige
Mörderinn deiner Innwohnern ſeyn?
In der Mitte eines aufgeklärten Jahr
hunderts, in welchem wir mit Menſchenliebe, und Klugheit prangen,
kehren wir zu der unmenſchlichſten Barbarey zurück. Einer beneydet dem anderen ſein daſeyn, und jeder bemüht
ſich ſeinem Nachbarn aufzureiben. Wir
rühmen uns Menſchen zu ſeyn, und
dennoch beſtreben wir uns, durch un-
menſchliche Thaten hervor zu thun.
Heiſt wohl dieß Menſchenliebe? iſt

P 2 dieß

dieß die aufgeklärte Klugheit, in welcher unser erlauchtes Jahrhundert dem
Vorzug vor allen Verflossenen setzt?
— — Welch ein Schandfleck für unser Zeitalter bey der spätesten Nachwelt!

Deutschland muß neuerdings die
Hauptbühne seyn, auf welcher sich die
Europäer ihre Köpfe zerschlagen und
Oesterreich soll neuerdings der Vor-
wurf ihrer Blutsucht seyn. Die allgemeine Rede gehet, das England,
Schweden, Dännemark und Rußland unter einer Deken mit Preußen
stecke. Alle diese Mächte wollen Preußen in seinen Unternehmungen unterstützen. Frankreich ist auch der Rede
nach mehr für Preußen, als seine
Bundesgenossen geneigt. Sachsen
macht mit Preußen eine gemeinschaftliche Sache, und der größte Theil
deutscher Fürsten schlägt sich zur Parthey ihres gemeinschaftlichen Erbfeinds.

Ist

Ist diese Rede wahr, so muß
Oesterreich unterliegen, es muß ihre
gerechte Sache fahren lassen, der Gewalt, und Uebermacht weichen, und
alle unsre Wünsche sowohl, als ihre
Hoffnung Freund wird kraftloß seyn.
Ich zittere bey dem bloßen Anblick der
weiteren Folgen.

Ant-

# Antworts-Schreiben.

Stadt 4 Julii

Zu kleinmüthig Freund! zu kleinmüthig. Sie laſſen ſich zu geſchwind
überreden. Sie wiſſen ja, das oft ſehr
vieles geredet wird, wovon kaum der
vierte Theil wahr iſt, und der ſich auf
die allgemeine Rede verlaßen will, hat
es zu gewarten, das er oft betrogen
wird. Europens Monarchen ſind zu
erlaucht, als das Sie einen Fürſten
unterſtützen ſollten, der ſich offenbar
über alle übrige Monarchen aufwirft,
Jhnen nach ſeiner Willkuhr Geſetze
vorſchreiben will. Die Preußiſchen
Ränke haben nicht allerorts jene Wirkung, die ſie leyder! in Sachſen ge-
habt habeu, und Sachſen wird ſchwer-
lich das Muſter zur Nachahmung für
die übrigen Staaten ſeyn.

Es

Es ist zwar unläugbar, daß man
noch in der Mitte unseres gesitteten
Jahrhunderts an viele Ueberbleibsel der
alten Unwissenheit, und Barbarey an-
stoßen muß, bey welchen alle Klugheit, und Kunst strandet; doch muß
man zur Ehre unsres Zeitalters auch
gestehen, daß uns wenigstens nicht am
Willen mangelt, gesitteter und erklär-
ter als unsere Voreltern zu seyn.
Wir streiten unabläßlich wider die
Vorurtheile mit welchen vorhin nicht
nur einzelne Menschen, sondern ganze Staaten behaftet waren, und der
heutigen Staatsklugheit hat es vorzüg-
lich gelungen, viele davon aus den Ka-
bineten der Landesfürsten auszurotten.
Die Regierungskunst gewinnet heutzutage unvermerklich einen besseren Fortgang. Kein einziger Monarch unseres Welttheiles beschäftiget sich mehr
mit Fliegen fangen, wie vormalen
Dioklezian; und Kaligulä Reutthier
wird heutzutage schwerlich mehr zur
Bürgermeisterswürde gelangen. Die

P 4                  Staa-

Staaten handeln heutzutage überhaupt
nach wohlüberlegten Grundsätzen, welche zwar zuweilen betriegen, in dem
sie nicht eben allezeit aus den besten
Quellen geschöpfet werden, allein der
Irrthum dauret nicht lang, man er-
kennet ihm bald, und er wird verbessert.

Es ist also ein bloßes Hirnge-
dicht, was man vom Deutschen Reich,
Dännemark, England, Frankreich,
Schweden und Rußland spricht. Alle diese Staaten würden straks ihrem
eigenen Interesse entgegen handeln,
wenn sie den Preußischen Absichten
noch selbst die Hände bieten wollten.
Ihr eigenes Wohl fordert es vielmehr
daß sie sich denselben mit gemeinschaftlichen Kräften einhellig wiedersezen.
Nur Sachsen allein ließ sich bisher
durch Preußische Kunstgriffe verführen,
und ich hoffe es bald zu sehen, daß
Sachsen ein belehrendes Beyspiel allen
übrigen Staaten geben wird, wie viel
auf

auf Preußens Freundschaftsversiche-
rungen, und Wortreiche Verheißungen
zu trauen sey.

Damit Sie aber Freund! um so
mehr im Stande seyn, hierüber ein
ächtes Urtheil fällen zu können, so
will ich alle die Staaten der Reihe
nach durchgehen, welchen vielleicht die
Lust ankommen könnte, sich in diese
Privatzwistigkeiten Oesterreichs mit
Preußen zu mengen. Ich will mit
unpartheyischer Freymüthigkeit ihr
wahres Interesse entdecken, die Grundsätze bestimmen, nach welchen ihr
Verhalten eingerichtet seyn muß. Nicht
als wollte ich mich zum Lehrer der
Staaten aufwerfen; ich überlasse jenen
diese Last von Herzen, welche ein-
trägliche Amtspflicht dazu verbindt. Ich
will nur meine Privatgesinnungen er-
öfnen, welche vielleicht hinreichend
sind, manchen irrigen Patrioten vom
Traum zu helfen, und ihm auf den
rechten Weg zu bringen. Allein alles

die-

dieses in der bestmöglichsten Kürze;
eine umständliche Ausführung wurde
ganze Folianten fordern. Ich will
beym Deutschen Reich den Anfang
machen.

Das Deutsche Reich muß bey
Staatistischen Untersuchungen stetts
unter zwey Gesichtspunkten betrachtet
werden, im ganzen nemlich, als ein
aus mehreren großen Fürstenthümern
unter einem Oberhaupt bestehendes
Reich, und einzeln, als mehrere von
einander ganz entschiedene vielen einzel-
nen Fürsten untergeordnete Staaten.
Betrachtet man das Deutsche Reich im
ganzen, so fällt vor allem gleich beym
ersten Anblick der Reichstag oder Reichsversammlung in das Aug, bey welcher alle Staatsangelegenheiten die
das gesammte Deutsche Reich betreffen,
vom Kaiser und Reichsständen erwo-
gen, auseinandergesetzt, und entschieden werden. Hieher wand sich der
König von Preußen schon unterm 16.
März

März, und verlangte, das sich die gesammten Reichsstände der Oesterreichischen Besitznehmung von Baiern wieder-
setzen, und das Erzhaus gemeinschaftlich
dahin zu bewegen suchen sollen, damit die
Baierische Erbfolge im vorigen Stand
gesetzt, und auf eine ihm, dem König
gefällige Art reguliret werde. Hier
gab auch Sachsen und Zweybrücken ihre Protestationen ein, und hier
wurde alles dieses im Gegentheil Oesterreichischer Seits auf die vollkomm-
neste Art erkläret. Ob, und was der
Reichstag hierauf entschieden habe, ist
uns noch unbekannt; dieß allein wissen wir schon vorhinein, das die Ent-
scheidung von der Mehrheit der Stimmen abhängt, folglich schwer oder gar
nicht so bald etwas entscheidendes zu erwarten sey, indem sich ein jeder Theil
bewerbt die Stimmen wenigstens im
Gleichgewicht zu erhalten, und es keinem an günstigen Mitstimmern fehlen
kann. Ich will dannenhero um alle
Weitläufigkeiten zu vermeiden, das

Reich

Reich einzeln, das ist einem jeden be-
trächlicheren Reichsfürsten insbesonde-
re betrachten, wonach der Schluß
viel leichter auf das gesammte Deutsche Reich seyn wird.

Nach dem Kaiser sind die be-
trächtlichsten im Reich die Churfürsten.
Von den drey Geistlichen Maynz nemlich, Kölln und Trier ist keine Frage
nicht. Ihr Stand sowohl, als die
Politick ihrer Staaten, die größtentheils sich auf Religions Grundsätze
bezieht, läßt es nicht zu, sich mit
Preußen zu vereinigen; ausgenommen
es wäre Ihnen eine Lust angekommen
ihre Bißthümer bald sæcularisirt zu sehen. Dann gewinnt Preußen die O-
berhand in Deutschland, so ist die
Sæcularisation der meisten Geistlichen
Gütern mehr als gewiß, und wäre
es wohl nicht Thorheit, ihm zu dieser
Oberhand selbst behülflich zu seyn?———
Der Geistliche Stand ist auf seine
Vortheile zu aufmerksam, als das er
die-

dieſelbe auf eine ſolche Art verkennen
ſollte, und ſein Anſehen iſt mit der Macht
Oeſterreichs ſo eng verbunden, das jenes ohne dieſer unmöglich lang beſtehen
kann.

Unter den weltlichen Churfürſten
iſt nach dem König von Böheim nun-
mehro gleichſam Jure poſt liminii der
Herr Churfürſt von der Pfalz. Ganz
Deutſchland, ja unſeres Welttheiles
größter Theil ſieht mit Aufmerkſamkeit
auf ſein zukünftiges Betragen. Man erwartet mit Verlangen, ob er ſich für
Preußen, oder Oeſterreich erklären wird,
und zu meiner äußerſten Befremdung
ſind die Meynungen des Publikums
hierüber bald für das erſte, bald für
das zweyte getheilt. Dann meines Erachtens hat ſich ja der Herr Churfürſt
über dieſen Punkt ſchon auf die förm-
lichſte Art erkläret. Er ware es, der
die Gründlichkeit der Oeſterreichiſchen
Anſprüche auf einige Theile der Baieriſchen Verlaſſenſchaft zum erſten ein-
ge-

geſehen, und durch einen freywilligen
Vertrag anerkennet hat. Ihm allein
konnte die Oeſterreichiſche Beſitznehmung von Niederbaiern zum Nachtheil
gereichen. Aber Gerechtigkeitsliebe mußte nach der vortreflichen Denkungsart
des Herrn Churfürſtens allen Privat-
vortheilen weichen. Er willigte von
ſich ſelbſt zur Oeſterreichiſchen Beſitznehmung ein, und garantirte dem Erzhauſe die von ihm eingeräumten Baieriſchen Länder. Iſt dieß nicht eine förm-
liche Erklärung? und was erwartet
man wohl noch von Sr. Churfürſtl.
Durchlauchtigkeit? Meines Erachtens
tritt man ſeiner Ehre zu nahe, wenn
man ihm nur zumuthet, daß er die
Preußiſche Parthey ergreifen wird.
Preußen führt ja hauptſächlich mit dem
Herrn Churfürſten Krieg, indem es
ſich mit gewafneter Gewalt ſeinem Betragen widerſetzt. Preußen vertheidiget die Sächſiſchen Allodialforderun-
gen, welche dem Herrn Churfürſten
zur Laſt gereichen, und von ihm un-
mög-

möglich in der Gütte können eingestanden werden. Ist Preußen in seinen Unternehmungen glücklich, so wird es auch mit dem Churhause Pfalz nicht leer ablaufen. Man wird sich zu erinneren wissen, daß man schon bey dem ersten Preußischen Krieg dahin bedacht war, einen gewissen protestantischen Reichsfürsten und Landgrafen zur Churwürde zu erheben, und ein verhältnißmäßiges Churfürstenthum im Reich zu verschaffen. Gelingt es dem König von Preußen dieses Vorhaben auszuführen, so bin ich Bürge dafür, daß Churpfalz zu diesem neuerrichtenden Churfürstenthum einen beträchtlichen Theil zu liefern genöthiget seyn wird. Der dem Churhause Pfalz durch Baiern zugefallene Anwachs stimmet mit den Preußischen Absichten gar nicht übereins, und Preußens jetziger Plan zielet meines Erachtens hauptsächlich dahin, wie man diesem Churhause etwas abzwacken könne; und erhaltet Preußen die Lausitz, so ist es mehr als

ge-

gewiß, daß Sachsens Schadloshaltung dem Churhaus Pfalz von dem Preußischen Gesetzgeber aufgetragen werden wird. — — Diese wenige Betrachtungen sind, wie ich glaube, hinlänglich, den Herrn Churfürsten zu bestimmen, welch eine Parthey er bey den jetzigen Angelegenheiten zu ergreifen habe, wenn er anderst nicht freywillig in die Preußischen Fallstricke verfallen will. — — Allein was hat es für ein Ausseßen mit dem Sächsischen.

Der zweyte in der Reihe der Churfürsten ist der Herr Churfürst von Sachsen. Dieser spielt bey dem heutigen Vorfall eine Hauptrolle. Als Universalerb des ohre männlichen Erben ausgestorbenen Baierischen Churhauses glaubte er sich berechtiget zu seyn, wider die Oesterreichische Besißnehmung von Baiern öffentlich zu protestiren. Die Ursache hievon kann ich unmöglich ergründen. Von Seiten Oesterreichs sowohl als

Chur-

Churpfalzes ware man allerdings ge=
neigt, ja entschlossen, allen seinen Al=
lodialforderungen, zu welchen er be=
rechtiget war, all mögliches Genügen
zu leisten; man machte hierüber nicht
den mindesten Anstand, ja, was noch
mehr ist, so bothe sich Oesterreich selbst
und freywillig an, ihm die Allodialerb=
schaft ohne allem Abbruch zu verschaf=
fen, und hiezu wollte die Kaiserinn
Königinn aus besonderer, weltbekann=
ter Affektion gegen dieses Churhaus
noch ihren Foderungen, die ihr als
nächster Allodialerbinn aus dem unwi=
dersprechlichen Regredienzrecht gebüh=
ren, förmlich entsagen. Allein mit al=
len diesen wurde nichts anderes ausge=
richtet, als daß der Herr Churfürst
den gerechtesten Oesterreichischen An=
sprüchen, welche nicht in dem gering=
sten Zusammenhang mit seiner Allodial=
erbschaft stehen, mit Ungestümm wi=
dersprochen, und Preußen um Hülf
und Schutz angeflehet habe; folglich
gleichsam der Urheber aller hievon ent=

Ω        stan=

standener Unruhen gewesen seye. Viele schreiben diesen Schritt einer allzu-
großen kindlichen Liebe, kraft welcher
er den Anschlägen der verwittibten
Churfürstinn von Sachsen Gehör gab,
andere den Vorstellungen seiner Land-
ständen zu.   Keines von beyden will
ich untersuchen.   Dieß allein behaupte ich, daß sich Sachsen auf eine Art
vergangen habe, die allerdings unver-
antwortlich ist.  Sachsen konnte nichts
anderes daraus vermuthen, als daß es
endlich zwischen Oesterreich und Preußen zu einem Krieg kommen wird. Diese einzige Betrachtung war allein hinreichend genug Sachsen dahin zu bewegen, daß es ihre Protestation zurück-
ruffe, und dem Preußischen Bündniß
entsage.   Sachsens Lage fordert es,
allen Krieg zwischen Oesterreich und
Preußen auf alle nur mögliche Art zu
verhüten.   Dann gerathen sich diese
zwey Mächte in die Haare, so muß
Sachsen nothwendig das Schlachtopfer
seyn, indem es gleichsam die Grenz-
                                    schei-

Scheide der beyderseitigen Ländern ist.
Unterdessen so hat Sachsen den Kriegs-
zunder noch mehr angefachet, und nun
bricht endlich das Kriegsfeuer aus.
Was that hiebey neuerdings Sachsen?
Ein Fehler ziehet dem anderen nach sich.
Anstatt eine genaueste, und strengste
Neutralität zu behalten, machet es mit
Preußen eine gemeinschaftliche Sache.
Sachsen kündiget Oesterreich den Krieg
an. — Ich kann meine Feder kaum
bezähmen, damit es nicht in die bittersten Vorwürfe ausbreche. Sachsen
ist nicht zufrieden, daß der König von
Preußen unter dem Vorwand Oesterreich zu bekriegen, den Krieg vielmehr
wider Sachsen führt. Es führt Krieg
mit sich selbst. Haben Sie wohl Freund
jemals etwas gehöret, was mehr selt-
sam, mehr lächerlich sey. Sachsen
führet Krieg mit sich selbst. Dieser Ausdruck wird Ihnen Anfangs
zweifelsohne paradox vorkommen; allein denken Sie nur ein wenig genauer
nach, Sie werden mit Bewunderung

Q 2                 fin-

finden, daß er vollkommen wahr seye.
Dann setzen Sie, daß Sachsen in diesem Krieg Oesterreich besiege, so muß
nothwendig der König von Preußen
als Sachsens Bundsgenoß auch Sieger seyn. Nun jeder Sieger muß einen Vortheil haben, das ist (um mich
noch klärer auszudrücken) der Sieg
bestehet in dem, daß ich als Sieger
jenes erhalte, was ich durch den Krieg
gesucht habe. Nun aber so ist es mehr
als gewiß, daß des Königs Absicht bey
diesem Krieg auf die Lausitz gerichtet
sey, geschieht es also, daß Sachsen
mit Preußen in diesem Krieg siege,
so verliehrt Sachsen die Lausitz, folglich führt Sachsen Krieg, um die Lausitz zu verliehren, oder was eben so viel
heißt, Sachsen führt Krieg mit sich
selbst. Kann etwas klärer, mehr be-
wiesen seyn? — Allein ich muß, und
ich will auch innehalten. Dieß allein
habe ich noch zum Beschluß zu erinneren, daß es für die Herren in Dreß-
den der Mühe nicht unwerth wäre,

den

den Vertrag, so Friederich August III.
Churfürst von Sachsen am 20. December 1743 mit der noch itzt glorreich
regierenden Kaiſ. Kön. geschlossen hat,
aufzusuchen, und zu überlesen. Die
in deſſen Eingang wieder eben dieſen
König, mit welchem ſich Sachsen nun
vereiniget, ausgedrückte Gesinnungen
enthalten den beſten Gegengrund, der
jemals den jetzigen Sächſiſchen Handlungen entgegen gesetzt werden kann ——

Der Herr Churfürst von Braunschweig spielet auf dem europäischen
Staatstheater als König von Engelland, und Churfürst von Braunschweig
eine zweyfache Rolle. Von der erſten
will ich dazumal sprechen, wenn die
Rede von Engelland seyn wird. Was
aber die zweyte anbetrist, so kann
Braunschweig unmöglich die Preußische Uebermacht mit gleichgültigen Augen ansehen; eine Uebermacht, die Hannover früher oder später zu seinem eigenen Nachtheil fühlen wird. Die

Q 3                    Sa-

Sache ist zu klar, als daß es nöthig
wäre, sich hierüber weitläufiger her-
auszulassen, und dieß zwar um so vielmehr, als die Braunschweigischen Länder zwar von Engelland gänzlich entschieden sind, doch in einem unmittel-
baren, unabsönderlichen Zusammenhang
mit dem Londner Hof stehen, und ihm
vielleicht mehr am Herzen liegen, als
Engelland selbst, folglich kann mit meh-
rerer Bequemlichkeit hievon unter dem
Artickel von Engelland gehandelt werden.

Betrachten wir nun die übrigen
Reichsfürsten, so keine Churfürsten
sind. Man halter es insgemein für
eine gleichsam ausgemachte Wahrheit,
daß so vielmahl im Reich eine Zwistig-
keit zwischen einem katholischen und
protestantischen Reichsfürsten entstehet,
der Katholick so wie der Protestant sich
auf die Beyhülfe seiner Religionsgenos-
sen zu verlassen habe. Allein man darf
nur die neueste Geschichte selbst unseres
Jahrhunderts mit einem flüchtigen Aug
durch-

durchgehen, um von dem Gegentheil
überzeuget zu seyn. Der angeführte
Satz machet nur bey uns Protestan-
ten einiges Aufsehen, welches hoffent-
lich bey unseren aufgeklärteren Zeiten,
in welchen Religion, und Staatsinteresse zwey ganz abgesönderte Sachen
sind, bald verschwinden wird. Dann
betrachten unsere Reichsfürsten bloß
das Interesse ihrer Staaten, den Vortheil ihrer Unterthanen, ja ihren eigenen Vortheil selbst, so müssen Sie sich
den Preußischen Unternehmungen widersetzen, und mit dem Erzhause Oesterreich, welches bey diesem itzt bevorstehenden Krieg nichts anderes, als
bloß die Vertheidigung der deutschen
Freyheit, und die Vertheidigung der
Vorrechten, so ein regierender Reichs-
fürst, als Souverain genießt, zur Absicht hat, eine gemeinschaftliche Sache
machen — — Und dieß ist für das gesammte deutsche Reich genug.

Nur von dem Herrn Herzog von
Zweybrücken will ich mir noch etwel-

P 4　　　che

che wenige Worte erlauben. Der Herr
Herzog hat sich unter den Preußischen
Schuß begeben. Er veranlaßte durch
seine Protestation auch einigermassen
den nun bald ausbrechenden Krieg. Ich
will nicht untersuchen, ob der Herr
Herzog hiezu befugt gewesen sey, oder
nicht? diese Frage ist von den Oester=
reichischen Schriftstellern schon genug=
sam beantwortet worden. Dieß allein
kann ich nicht begreifen, wie es seyn
könne, daß sich Zweybrücken unter den
nemlichen Schuß begiebt, unter wel=
chem sich Sachsen befindet. Die Säch=
sischen Pretensionen oder Forderungen
sind ja schnurgerad dem Zweybrücki=
schen Interesse entgegen gesetzt; Sie
sind unvereinbarlich. Preußen hat sich
Sachsens angenommen. Es verlangt,
daß den Sächsischen Forderungen Ge=
nüge geleistet werde. Geschieht die=
ses, so wächst ja dem Herrn Herzog
von Zweybrücken als einzigen Erbfol=
ger des Pfälzischen Churfürsten der
größte Nachtheil zu. — Ich meinerseits
wün=

wünsche es dem Hrn. Herzog von Zwey=
brücken nicht, daß er es mit seinem ei=
genen Schaden erfahren solle, wie weit
er durch sein jetziges Betragen von dem
wahren Weeg der Klugheit abgewi=
chen sey. Der Irrgang ist anjetzo noch
nicht so verwirrt, daß man nicht dar=
aus entweichen könnte. Oesterreich al=
lein kann hierinn Zweybrückens Weeg=
weiserinn seyn.

Werfen wir nun unsere Blicke
auch ein wenig außer dem deutschen
Reich. Frankreich fällt uns zum er=
sten in die Augen. Kein einziger Krieg
ist in unserem Deutschland seit den
Zeiten des Richelieu entstanden, an
welchen Frankreich nicht Theil genom=
men hat. Der Plan dieses Ministers
war stets die Richtschnur, nach wel=
chem Frankreich ihre Maßnehmungen
gegen das deutsche Reich eingerichtet
hat. Nur in den letzt vergangenen
Krieg wich Frankreich einigermaßen
von diesem Plan ab. Wie wird es
P 5            sich

sich wohl in dem jetzt bevorstehenden betragen? — — Diese Frage wirst das ganze deutsche Publikum mit einer sehnsuchtsvollen Neugierde auf. Allein haben Sie nur ein wenig Geduld meine Herren, die Zeit wird es ihnen am besten beantworten. Meine Antwort, und meine Betrachtungen beziehen sich auf eine ganz andere Frage. Ich meine Herren frage nur, wie sich Frankreich in diesen Krieg betragen sollt? und hierauf nehme ich mir zugleich die Freyheit auch zu antworten, aber nur nach meiner Art, das ist: in der kürze. Es ist bekannt, das Frankreich in einem Krieg mit England wenn nicht schon verwicklet, wenigstens bald verwicklet seyn wird, und zwar in einen blutigen, höchstgefährlichen Seekrieg, auf welchen diese zwey Mächte um die Oberherrschaft streitten. Es ist auch bekannt, das Frankreich mehr an Land als Seemacht England übertreffe. Die Politik Frankreichs bringt es also mit sich, daß es England

land eine Diverſion zu machen, und
ſolchergeſtalt ihre Macht zu vertheilen
bedacht ſeyn muß. Hannover gab hiezu ſtets die bequemſte Gelegenheit an
die Hand. England nihmt ſich Han-
novers, als ſeines Eigenthums an,
und wird Hannover beſieget, ſo unter-
liegt auch einigermaſſen England. Allein hierüber können die Herrn zu Pa-
ris vernünfteln. Was unſerem deutſchen Krieg betrift, ſo ſcheinet mir
Frankreich durch die Verträge der
Bundesgenoſſenſchaft verpflichtet zu
ſeyn dem Erzhauſe die Traktatenmäßi-
ge Hilfe zu leiſten, und Frankreich
kann ſich hierinnfalls mit der Garantie
des weſtphäliſchen Friedens nicht ent-
ſchuldigen, indem derſelbe mit den jeßigen Begebenheiten nicht den gering-
ſten Zuſammenhang hat. Ueberdieß ſo
ſind ja die Preußiſchen Unternehmungen den Franzöſiſchen Abſichten ſtrafs
entgegen geſetzt. Die Franzoſen betrachten es als einem weſentlichen Theil
ihrer Raiſon d'Etat, in die Angele-
gen

genheiten des deutschen Reichs einen
wirklichen Einfluß zu haben.   Iſt
Preußen in ſeinen Unternehmungen
glücklich, und erhaltet es in Deutſchland die Oberhand, ſo wird nicht nur
dieſer Einfluß aufhören, ſondern Frankreich wird dadurch ein neuer Feind zuwachſen, welcher weit gefährlicher ſeyn
wird, als jemahl Oeſterreich war.

Von Frankreich iſt der kürzeſte
Weeg ins England.   Auch dieſem wird
überhaupt zugemuthet, daß es ſich mit
Preußen gleichwie im vorigen Krieg
vereinigen wird.   Allein ich kann unmöglich glauben, daß ſich dieſes
durch die Unabhängigkeit der ameri-
kaniſchen Kolonien, und nun entſtehen-
den Krieg ungemein geſchwächte Königreich entſchlieſſen wird, dem König
von Preußen neuerdings einem Tribut
von 670000 Pfund Sterling. gleichwie in dem letzten Krieg jährlich zu
bezahlen; und zwar um ſo viel weniger, als es hiedurch Frankreich Anlaß
ge-

geben wurde Hannover feindlich zu be-
handlen, welches einzig und allein zu
verhindern doch Englands Hauptabsicht
bey dem nächstfolgenden Krieg mit
Frankreich seyn sollt, indem Hannover Englands schwächeste Seite ist.

Aber Rußland, Dännemark und
Schweden? sind diese nicht mit Preußen verstanden? so behaupten es wenigstens die Herrn Zeitungsschreiber,
die bald 60 bis hundert tausend Rus-
sen, bald eine beträchtliche Anzahl von
Schweden, endlich auch Dänische
Truppen Preußen zur Hilfe anrücken
lassen. Allein diese Hilfe befindet sich
bloß auf den Zeitungspapier. Rußland ist mit der Pforte zu sehr beschäftiget, als daß es sich Preußens annehmen könnte, und der Krieg zwischen Rußland und der Pforte
ist eben so nahe, als der zwischen Preußen, und Oesterreich ist.
Und gesetzt auch, daß Rußlands
Strittigkeiten mit der Pforte gütlich
bey-

beygelegt wurden, was könnte wohl
Rußland bewegen, Preußen zur Hülfe
zu eilen? Die Blutsverwandtschaft
muß dem Staatsinteresse jederzeit weichen, indem jedweder Monarch mehr
auf das immerwährende Wohl seines
Unterthanen, und seines Staats, als
auf die zergänglichen Vortheile seiner
Blutsfreunde bedacht seyn muß; und
Rußlands Staatsinteresse forderet es
mit Oesterreich stetts in dem engsten
Verbündniß zu leben. Dann was
hat wohl Rußland von Preußen zu
erwarten? — Die Preußische Verbündniß bringt Rußland nicht ein einzigen, da im Gegentheil die Oesterrei-
sche unzählige Vortheile giebt. Allein,
hierüber scheinet mir alles Vernünfteln überflüßig zu seyn. Rußlands itzt
regierende große Monarchinn ist zu erlaucht, als daß sie von den ruhmwür-
digsten Grundsätzen des unsterblichen
Peters abweichen sollte, auf welchen
das ganze Gebäude des Rußischen
Staats gegründet ist.

Was

Was aber Schweden anbetrift,
so darf man nur die jetzige Verfassung
des Schwedischen Staats etwas ge=
nauer betrachten, und jedermann wird
erkennen, daß Fried die Grundveste
seye, auf welchem die ganze Staats=
maschine beruht. Die Zeiten Gustav
Adolphs, Karl Gustavs, und Karls
XII. sind verflossen, und Schwedens
heutige Regierung muß nur auf Ruhe,
und gute Haushaltung bedacht seyn.
Es wäre Thorheit auf Eroberungen
nur zu gedenken, und mehr als Thor=
heit, wenn man sich in anderseitige Hän=
del ohne allem eigenen Vortheil unbe=
dachtsam einmengen wollt.

Eben diese Grundsätze finden auch
in Dännemark Platz. Der einzige Un=
terschied ist nur, daß nachdem es Dän=
nemark gelungen hat, die Herrschaft im
Sunde zu behaupten, und durch die
Beförderung des Handels dieses so un=
mächtige Reich zu einem gleichsam Nor=
dischen Groß=Brittanien zu machen,

es ihre Abſichten bloß auf die See rich‐
ten muß, fürnehmlich bey den jeßigen
Umſtänden, in welchen Engellands Ver‐
fall ihr zum Anwachs dienen kann,
und ein Landkrieg kann für Dänne‐
mark ißt nicht anderſt, als ſchädlich
ſeyn.

Uebrigens fordert es das Staats‐
intreſſe Rußlands ſowohl, als Dänne‐
marks, und Schwedens ſich den Preu‐
ßiſchen Unternehmungen mit allen Kräf‐
ten, und äußerſter Macht zu wider‐
ſeßen, in dem Preußen der gemein‐
ſchaftliche Feind aller dreyen iſt. Preu‐
ßens jeder Anwachs iſt für ſie ein Ab‐
gang, und bald, ja bald wird Frie‐
derich des ganzen Nordens Geſeßgeber
ſeyn.

Dieſe wenige Betrachtungen kön‐
nen ihnen Freund zu unzähligen An‐
merkungen und Vernunftſchlüſſen dien‐
lich ſeyn. Ich habe ihnen hiedurch
nur einen kurzen Entwurf von einem
vollſtändigen Werk gelieferet, welches
ju Ende ju bringen ich durch tauſend

Um‐

Umstände gehindert werde. Allein
auch dieser obschon kurze Entwurf ent-
halter unzählige Wahrheiten, die ein
Erlauchter, nachdenkender Geist, wenn
er anderst mit Aufmerksamkeit lesen
will, ohne aller Mühe entdecken kann.
Nur dieß will ich noch zum Beschluß
beyfügen, daß man sich sehr oft irre,
wenn man von Staatshandlungen nach
dem Regeln und Grundsätzen der
Staatsklugheit bey allen Fällen ur-
theilen will. Oft ist etwas für dem
Staat schädlich, und dennoch unter-
nihmt man es; oft nützlich, und dennoch wird es unterlassen. Was folgt
hieraus? — — Unbegreiflich sind die
Werke des Herrn der die Welt be-
herrscht, und die Herzen der Monarchen, gleichwie unser Schicksal nach
seinem Wohlgefallen lenket. Wir können sie sehen seine Werke; aber begreifen, die Bewegursachen zu ergründen, dieß können wir schwache Menschen nicht. Ich bin wie jederzeit rc.

## Eilfter Brief.

Landgut den 10. Juli.

Endlich ist das Gewitter in ihrer vollen Wuth losgebrochen, und mit feindlichen Donner ertönet Deutschlandes Horizont. Die muntere Heiterkeit des guldenen Friedens verschwindet, und eiserner Krieg verdunkelt die finstere deutsche Luft. Unvergeßlicher Frieden! du einziges Labsal des bedrängten menschlichen Geschlechts, wohin fließest du vor unserem Angesicht? warum verlassest so eilfertig die Gegenden, die durch deine funfzehnjährige Gegenwart kaum erquicket worden sind? — — Er flieht, in unbewohnte, von ganz Europen weit entfernete Gegenden fliehet er, und räumet den Platz, wem? — — Menschzehrenden, blutdürstigen Kriegen ein. Abscheuungswürdiger Krieg! wer rufet dich in unser Deutschland zurück?

wa-

warum beziehest du neuerdings die
Gegenden, aus welchen man dich vor
funfzehn Jahren verbannet hat? —
Die Wunden bluten noch, die wir
dazumal von dir erlitten haben. Deine Gegenwart erneueret sie, ja deine
Gegenwart wird sie vermehren.

Der fünfte Tag des iztlaufenden
Monats ware es, an welchem Friederich Oesterreich dem Krieg erkläret,
und mit einem beträchtlichen Theile
seiner Macht unvermuthet in das
Königreich Böheim eingefallen ist.
Schwerdt, Feuer, Verwüstung, Zer-
störung, und mehr als unmenschliche
Grausamkeit waren es, die dem König bey diesem Einfall begleiteten.
Auch das schwache Geschlecht wurde
nicht verschonet, und selbst die Got-
teshäuser waren nicht vom Raub und
Plünderung frey. Sie Freund würden geglaubt haben, das Attilä Zeitalter wieder auflebe, wenn sie zugegen
gewesen wären, wenigstens konnte At-

tila nicht mehr unmenschlich und grau-
sam seyn. Ich muß vor Schande
erröthen, da ich bedenke, das in der
mitte eines gesitteten Zeitalters man
noch so ungesittete Handlungen erfahren muß, deren bloße Erzählung all
menschliches Gefühl empört. Ich kann
nicht begreifen, wie es seyn könne,
daß sich nicht die ganze Menschlichkeit
so unmenschlichen Thaten wiedersetzt.
Allein prudentiores sunt filii tene-
brarum filiis lucis, und die tägliche
Erfahrniß belehret uns, daß nicht allzeit eben jener dem besten Fortgang
habe, der Recht hat.

Auch ist an nämlichen Tag, als
der Einfall in Böhmen geschah, die
schriftliche Erklärung des Krieges in
Berlin erschienen, die bald darauf unter der Aufschrift: Erklärung Sr.
königl. Majestät von Preussen
an ihre hohe Mitstände des
deutschen Reichs über die Baierische Successionsangelegen-
heit,

heit, und über die Ursachen,
welche höchstdieselbe nöthigen
sich der widerrechtlichen Tren-
nung des Herzogthums Bai-
ern zu widersetzen gedruckt der
Reichsversammlung zu Regensburg
übergeben wurde. Ich habe es mit
grösten Unwillen gelesen, welchen in
mir die Zweydeutigkeit der darinn ent-
haltenen Worten, und die offenbahre
Falschheit der Sätze erreget hat.
Ich schlüsse es ihnen hiebey, um ihre
Meynungen darüber zu vernehmen.
Auch gehet die allgemeine Rede, daß
man in Berlin eine Akte angetroffen
habe, in welcher Albrecht Herzog von
Oesterreich allen seinen Ansprüchen
auf Niederbaiern entsagt, und beken-
net, daß er hierüber durch eine gewisse Geldsumme von Baierischen Herzo-
gen seye entschädiget worden. Mir
scheinet diese Renunciationsakte einem
ganz ähnlichen Ursprung und Werth
mit der Münze zu haben, die heut zu
Tage in Berlin neuerdings gepräget

R 3      wird,

wind, und ich wurde schwerlich auſſer
die Gränze der Wahrheit ſchreiten,
wenn ich öffentlich behaubten wollte,
daß dieſe Skartek irgendwo von einem
gemietheten Verfälſcher der Urkunden
geſchmiedet worden, und unter jene
Kunſtgriffe zu rechnen ſey, deren man
ſich nur in Berlin zu bedienen weis.
Allein auch hierüber hoffe ich von Ihnen Freund, eine weitere Erklärung
zu erhalten. Verſagen Sie mir ſelbe
nicht. Ich verharre ꝛc.

Ant-

## Antworts-Schreiben.

Landgut den 20. Juli 1778.

Preussens feindlicher Einfall in Böheim, dem ich zuerst aus ihren Brief erfuhr, hat mich in das äusserste Erstaunen versetzt. Ich erstaunte über den gefahrvollen Schritt, so Friedrich hiedurch zu seinem eigenen Nachtheil gewaget hat. Ganz Europen ist nun thätlich überzeuget, das er der Anfänger, und gewaltthätige Urheber eines blos aus Eigensinn entstandenen Krieges seye. Auf das Erstaunen folgte die Hofnungsvolleste Freude, die ich Ihnen mit Worten unmöglich beschreiben kann. Nicht allzeit ist der Krieg eine Strafe des Himmels, er ist zuweilen auch dessen Geschenk, und der unsichere Frieden ist oft weit schädlicher, als der sichere Krieg. Wenigstens hat nun

R 4     Deutsch-

Deutschland dem Zeitpunkt erreichet,
in welchen ihr gemeinschaftlicher Feind,
der über uns alle herrschen wollende
Preuß in seine ersten Schranke verfetzt
werden kann.   Nur guthen Muth',
deutsche Männer.   Joseph wachet für
unfre Sicherheit, er vertheidiget unfe-
re Freyheit, und kann wohl Joseph
in seinem gerechten Vorhaben unglück-
lich seyn? —— Nein, deutsche Männer! nein, Joseph der die Herzen aller seiner Unterthanen, die Herzen so
vieler Völker, die ihm vom Angesicht
kennen besieget hat, wird den ungerechten Waffen seines einzigen Feindes
nicht unterliegen.   Er wird siegen,
er; von welchen mit allem Recht ge-
fagt kann werden, was der berühm-
teste Römische Redner von einem weit
unwürdigerem Gegenstand gesaget hat:
Non illæ funt folæ virtutes Im-
peratoriæ, quæ vulgo exiftiman-
tur. Labor in negotiis, forti-
tudo in periculis : induftria in
agendo, Celeritas in conficien-
do,

do , Confilium in providendo, quæ tanta funt in hoc uno, quan- tâ in omnibus Imperatoribus , quos aut vidimus, aut audivimus non fuerunt. „Nicht jene allein „ſind kaiſerliche Tugenden, die man „ dafür insgemein hält. Arbeitſam „ in Beſchäftigungen , in Gefahren „ Großmuth: fleißig in Handlungen, „ in Ausführungen ſchnell, Einſichts- „ voll in Unternehmungen : welches „ alles bey dieſen einzigen ſo groß iſt, „ als es bey allen übrigen Kaiſern, ſo „ wir jemal geſehen, oder gehört ha- „ baben , nicht war.

Die Preußiſche Erklärung ſo- wohl, als dem dazu gehörigen Nach- trag habe ich noch vor ihrem letzten Brief empfangen. Meine Meynun- gen über das erſte werde ich vielleicht Gelegenheit finden, es Ihnen auf irr- gend eine andere Art, als durch Brie- fe zu entdecken. Was das zweyte betrift , ſo kann ich mich kaum über-

R 5                    re-

reden, daß dieſer Nachtrag ein ganzes Berliner Miniſterium zu Verfaſſern haben
ſoll. Dieſer Nachtrag widerſpricht ja offenbar allen übrigen in dieſer Sache gemachten Berliner Erklärungen, in welchen ausdrücklich angeführet wurde, daß
man ſich Preußiſcher Seits blos allein
darum der Oeſterreichiſchen Beſitznehmung von Baiern widerſetze, weil Kai
ſer Sigismund Albrechten von Oeſterreich mit dem Herzogthum Niederbaiern entweder nicht belehnet habe, oder
zu belehnen unbefugt geweſen ſeye.
Nun aber ſo tritt man ſelbſt Preußi
ſcher Seits mit einer Urkunde auf, in
welcher Albrecht ſeinem durch Kaiſer
Sigismunds Belehnung empfangenen
Recht entſaget, und dafür mit einer
Geldſumme ausgezahlet wird. Dieſe
Urkunde wird von Berlin her als ächt
angegeben. Entweder ſind alſo alle
vormaligen, aus einem gegenſeitigen
Grund gemachte Preußiſche Einwendungen, oder dieſe Urkunde falſch.
Das zweyte wird vom Berliner Mi

niſ

nifterio geläugnet, folglich bleibt der
erſte Saß wahr. Der Widerſpruch
iſt zu klar, als daß er weitläuftiger
könnte erkläret werden.

Was aber die Renunziationsakte
ſelbſt anbetrift, ſo macht ſich das Berliner Miniſterium damit vor den Augen der ganzen vernünftigen Welt
nichts als lächerlich. Dann was will
man wohl damit behaupten? das Oeſterreich an Niederbaiern nichts mehr
zu fordern habe, indem ihren Anſprü-
chen ſchon durch die Geldbezahlung Ge-
nüge geleiſtet worden iſt? Dieſes behauptet eine zuſammgerafte Skarteck
nicht. Die angeführte Akte iſt nichts
als eine Copia Copiæ non vidima-
tæ, welche nicht einmal vor einem
Dorfrichter, um ſo viel weniger von
einer erlauchten Reichsverſammlung,
und der ganzen übrigen vernünftigen
Welt, die man auf eine ſolche Art zu
hintergehen ſucht, für glaubwürdig
kann angeſehen werden.

Al-

Allein hierüber wollen wir die
vollständige Antwort des K. K. Mini-
sterii erwarten, welche ich ihnen vielleicht selbst nächster Tägen überbrin-
gen werde, indem sich die Zeit näheret, welche ich jährlich bey ihnen auf
dem Land zuzubringen gewohret bin.
Da können wir darüber frey und wei-
ters ohne Scheu reden.

Ich schließe dannenhero unseren
bisherigen Briefwechsel, und zwar mit
eben den nemlichen Worten, dessen sich
der schon einigemal angeführte Livius
Kap. 30. B. 30. in der Anrede an
Scipio bedient, und die ich beyden krieg-
führenden Partheyen, ja unserem ganzen im Kriege verwickelten Welttheile
mit vollem Mund und lauter Stimme
zuruffe : Melior, tutiorque est pax,
quam sperata victoria, hæc in tua,
illa in Deorum manu est.  Ne tot
annorum felicitatem in unius horæ dederis discrimen.   Cum tuas
vires, tum vim fortunæ, Martem
que

que belli communem propone
animo. Utrimque ferrum, cor-
pora humana erunt, nusquam mi-
nus, quam in bello eventus re-
fpondent. Non tantum ad id,
quod data pace jam habere potes,
fi prælio vincas, gloriæ adjece-
ris, quantum ademeris, fi quid
adverfi eveniat. Simul parta, ac
fperata decora unius horæ fortuna evertere poteſt. Omnia in pace jungenda tuæ poteſtatis funt,
tum ea habenda fortuna erit,
quam Dii dederint. „ Beſſer, und
„ ſicherer iſt der Frieden, als der ver-
„ hoffte Sieg; jener iſt in deinen, die-
„ ſer in den Händen der Götter. Se-
„ ße nicht die Glückſeligkeit ſo vieler
„ Jahre auf das Spiel einer einzigen
„ ungewiſſen Stund. Da du deine
„ Kräften betrachteſt, ſo ſtelle dir auch
„ die Kraft des Schickſals, und den
„ beyderſeitigen Ausgang des Krieges
„ vor. Beyderſeits wird Eiſen, bey-
„ derſeits menſchliche Körper ſeyn.
„ Nit-

„ Nirgends ſtimmen die Erwartungen
„ mit dem Erfolge weniger über eins,
„ als in dem Krieg. Jenen Ruhm und
„ Ehre, die du durch die Erhaltung
„ des Friedens ſchon itzt erlangen
„ kannſt, wird durch gewonnene
„ Schlachten nicht ſo viel zuwachſen,
„ als ihr benommen wird, wenn dir
„ etwas widriges zuſtoſſen ſollt. Das
„ Schickſal einer einzigen Stunde kann
„ alle deine ſowohl erhaltene als ver-
„ hoffte Vortheile auf einmal zu Grun-
„ de richten. Um Frieden zu ſchlie-
„ ßen, ſtehet alles in deiner Macht;
„ wähleſt du Kriege, ſo mußt du dich
„ mit dem Schickſal begnügen, ſo dir
„ vom Himmel beſtimmet iſt.

# E N D E.

www.ingramcontent.com/pod-product-compliance
Lightning Source LLC
Chambersburg PA
CBHW030541270326
41927CB00008B/1462